문제해결중심
C 프로그래밍

최종명 · 박경우 · 김종화 · 안동순 · 조성의 · 윤시내 공저

홍릉과학출판사

머리말

컴퓨터 기술이 점차 생활 깊숙이 영향을 미치게 되면서 소프트웨어에 대한 관심도 늘어나고 있습니다. C 언어는 간단함과 뛰어난 표현 능력으로 지난 수십 년간 많은 영역에서 가장 사랑받는, 가장 널리 사용되는 언어로 인정받았습니다. 하드웨어를 제어하는 언어, 운영체제를 개발하는 언어, 사용자 프로그램을 개발하는 언어, 다른 언어를 개발하는 언어 등의 역할을 C 언어는 성공적으로 수행했습니다.

이 책은 초보 프로그래머들이 프로그래밍 감각을 익히고, 문제를 해결할 수 있는 능력을 배양할 수 있도록 기획하였고, 내용을 구성하였습니다. 그래서 기존 C 언어 프로그래밍 책과는 달리 순서도부터 배울 수 있도록 하였고, 독자 여러분이 문제를 직접 해결하도록 책의 중간 중간을 비워두었습니다. 또한 독자 혹은 학과 수업에서 학생들이 프로그램 작성에 대해서 흥미를 유발하기 위해서 간단한 문제 해결과 간단한 게임 등의 프로젝트를 진행할 수 있도록 하였습니다. 이 책 한권으로 C 언어에 대해서 모든 것을 알 수 있도록 하고, 프로그래밍 능력을 일취월장 시킬 수는 없겠지만, 컴퓨터공학과 1학년 학생들을 대상으로 이 책을 교재로 강의해본 결과 기존 방법에 비해서 프로그래밍에 대한 거부감을 낮출 수 있었고, 프로그래밍에 대한 흥미도를 높일 수 있었습니다.

이 책은 여러 번 교정을 보았지만, 혹시 저자와 편집자가 놓친 오타들도 있을 것입니다. 책의 오타, 책에서 다루지 못한 튜토리얼, 수업 자료(강의 PPT, 강의계획서 샘플, 설계 프로젝트 안내서 샘플 등), 기타 프로그래밍에 도움을 줄 수 있는 자료는 http://www.facebook.com/pages/C언어/264859246871938 사이트를 참조하시기 바랍니다. 이 책은 또한 "자바 객체지향 프로그래밍, 문제해결중심(홍릉과학출판사)"

와 짝을 이루도록 만들었습니다. 객체지향 프로그래밍에 관심 있는 독자분들은 "자바 객체지향 프로그래밍, 문제해결중심" 책을 참조해주십시오. 마지막으로 책 편집 및 교정을 위해 수고해주신 홍릉과학출판사 임직원 여러분께 심심한 감사 말씀드립니다.

차 례

제1장

순서도를 활용한 논리적인 문제 해결 연습

제2장

순서도를 C언어로 변환하기

제3장

C 언어 프로그램 실행

제4장

C 언어 구체적인 내용

제1장

순서도를 활용한 논리적인 문제 해결 연습

학습목표

이 장은 순서도를 활용해서 기본적인 문제 해결 능력을 연습하기 위한 것이다. 따라서 순서도에 대한 기본적인 내용을 배우고, 이를 활용해서 간단한 문제들을 해결하는 방법을 학습할 것이다.

1. 순서도 작성 요령
2. 분기, 반복, 복합 순서도 작성 요령
3. 배열, 구조체 개념과 사용 방법

1.1 순서도란?

컴퓨터 ***프로그램***(프로그램 혹은 소프트웨어라고도 함)이란 **컴퓨터가 특정 작업을 수행하도록 작성된 명령어들의 연속**(a sequence of instructions written to perform a specified task for a computer)으로 정의할 수 있다. 프로그램의 작업 절차는 수학적으로는 ***알고리듬(algorithm)***으로 표현되는데, 알고리듬이란 **유한한 명령어 연속으로 표현되는 문제를 해결할 수 있는 효과적인 방법**(an effective method for solving a problem expressed as a finite sequence of instructions)이다.

순서도(flowchart)는 **일처리 절차 혹은 알고리듬**(algorithm)**을 표현하기 위해 사용하는 구조적인 그림**이다. 순서도에서는 작업 단계를 표현하는 직사각형과 이것을 연결하는 화살표를 활용해서 작업 순서를 표현한다. 다음 그림은 프로그램을 작성하고, 컴파일하고, 이를 실행하는 작업 단계를 순서도를 이용해서 표현한 것이다.

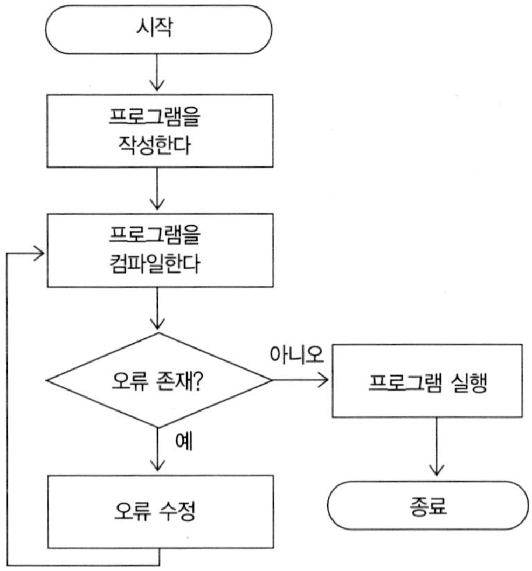

그림 1-1. 프로그램 작성 및 실행 순서도

순서도는 작업 내용을 효과적으로 표현하기 위해서 그림 기호를 사용해서 표현하며, 다양한 표기법들을 갖고 있다. 하지만, 책에서는 논리적인 작업 절차를 배우고, 연습하기 위해서 순서도를 사용하기 때문에 가장 간단한 기호들만 사용할 것이고, 일부는 표준 순서도에 나오지 않는 것을 저자가 고안해서 책에서 소개한다. 다음 표는 순서도에서 주로 사용하는 기호들이다.

표 1-1 순서도 기호

기호	이름	의미
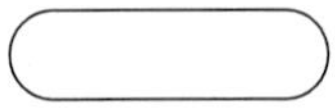	시작/종료	작업의 시작 혹은 끝을 의미
	화살표	화살표는 제어의 흐름을 표현
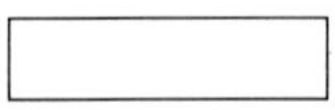	처리 절차	처리할 작업을 표현
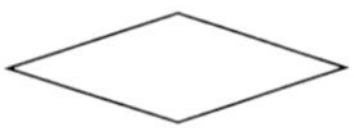	조건	참/거짓을 판단하는 조건을 의미

1.2 순차 순서도

순차 순서도는 가장 기본적인 형태의 순서도로서 순차적으로 해결할 수 있는 문제를 해결하기 위해서 사용할 수 있다. 또한 간단한 계산 혹은 계산 식이 있는 경우에 사용할 수 있다. 순차 순서도는 위에서 배운 순서도 기호를 사용해서 비교적 간단하게 작성할 수 있다. 다음 예제를 통해서 순서도를 직접 보면서 작성 방법을 알아보도록 하자.

순서도 1-1	설명
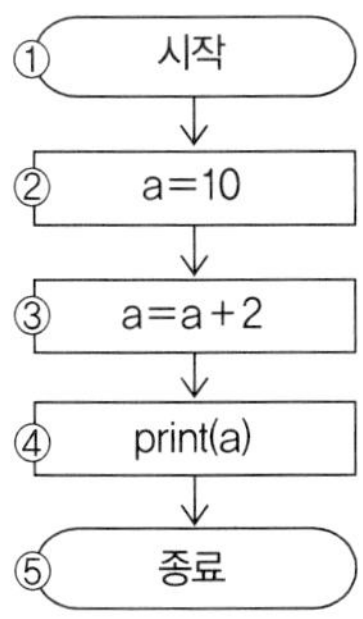	② a의 값을 10으로 지정 ③ a의 값을 10 + 2(즉, 12)로 지정 ④ a의 값(12)을 출력(화면에 12가 나타남)

순서도 1-2	설명
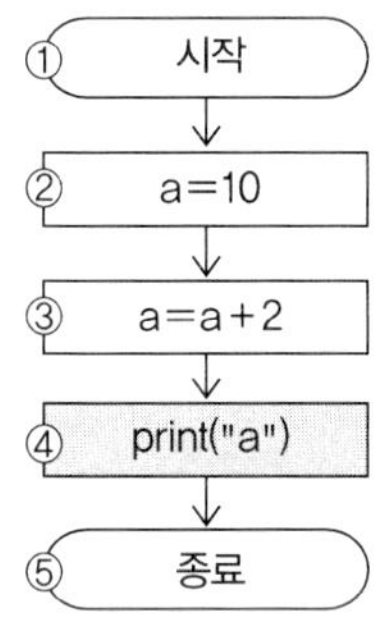	② a의 값을 10으로 지정 ③ a의 값을 10 + 2(즉, 12)로 지정 ④ a라는 문자 출력(화면에 a가 나타남), **문자열을 출력할 때는 인용부호(" ")를 사용함**

순서도 1-3	설명
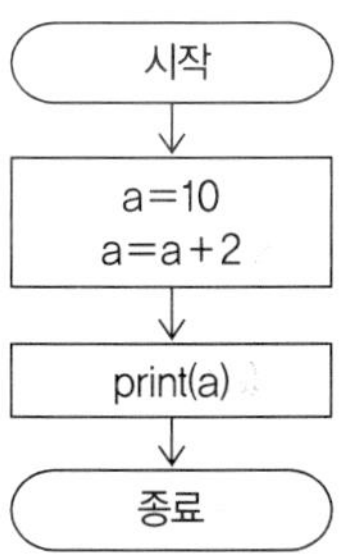	간단한 것은 사각형 하나에 여러 연산을 넣도록 허용하자. 단, 사각형 안에서 계산은 위에서 아래로 순서대로 진행된다.

순서도 1-4	설명
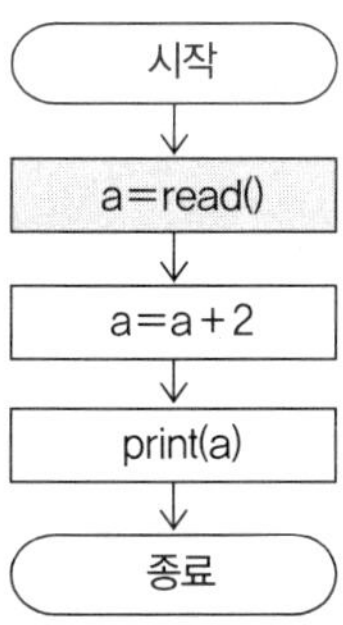	키보드에서 값을 읽는 것은 read()라는 것을 사용하자. 표준 순서도에서는 입출력을 표현하기 위해서 평행사변형(▱)을 사용하지만, 이 책에서는 처리절차에 read()를 사용한다.

위에서 배운 내용을 바탕으로 다음 문제를 순서도를 이용해서 해결해 보도록 하자.

[문제 1]

가로와 세로 값을 읽고, 사각형의 면적을 계산해서 출력하는 순서도를 작성하라.

[문제 2]

반지름값을 읽고, 원의 면적을 계산해서 출력하는 순서도를 작성하라.

[문제 3]

화씨온도를 읽고, 이것을 섭씨온도로 변환해서 출력하는 순서도를 작성하라(화씨온도=섭씨온도×9/5+32).

[문제 4]

상수 a, b, c의 값을 읽고, 이차방정식 $ax^2+bx+c=0$에 대해서 근을 구하고, 이를 출력하는 순서도를 작성하라.

1.3 분기 순서도

분기 순서도는 조건을 주고, 조건에 맞는 경우와 그렇지 않은 경우에 각각 다른 작업을 수행할 수 있도록 되어 있는 순서도를 의미한다. 순서도에서 조건을 기술하기 위해서 다이아몬드 기호를 사용한다. 조건의 만족 여부는 화살표에 Yes/No 혹은 참/거짓으로 표기한다. 다음 예제를 통해서 순서도를 직접 보면서 작성 방법을 알아보도록 하자.

<table>
<tr><th>순서도 1-5</th><th>설명</th></tr>
<tr><td>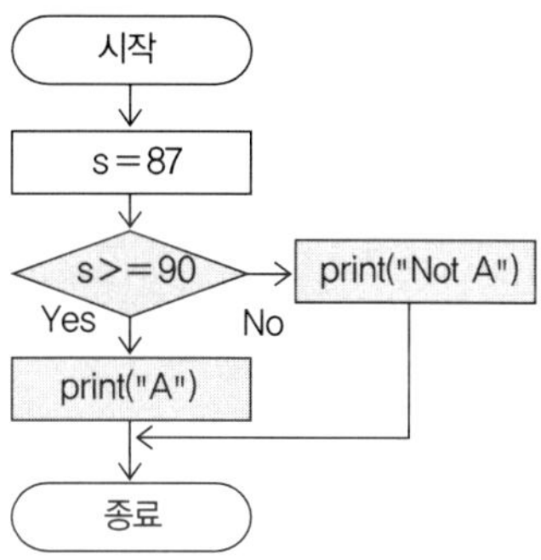
</td><td>s의 값이 90 이상이면
-> A라고 출력

s의 값이 90보다 작으면
-> Not A라고 출력

참고: 현재 s는 87 값을 갖고 있기 때문에 Not A가 출력된다.</td></tr>
</table>

위에서 배운 내용을 바탕으로 다음 문제를 순서도를 이용해서 해결해 보도록 하자.

[문제 5]

성적(0~100)을 입력받고, 성적에 따라 A(90점 이상), B(80점 이상), C(70점 이상), D(60점 이상), F(60점 미만)를 출력하는 순서도를 작성하라.

[힌트]

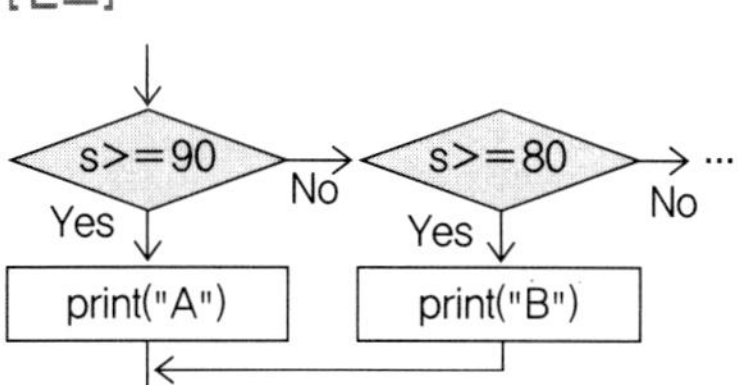

[문제 6]

나이를 입력받고, 나이에 따라 "어린이"(1~12), "십대"(13~19), "청년"(20~35), "장년"(36~59), "노인"(60 이상)을 출력하는 순서도를 작성하라.

1.4 반복 순서도

반복 순서도는 조건을 만족하는 동안에 일정 작업을 계속 반복하는 순서도를 의미한다. 반복 순서도는 조건과 화살표를 이용해서 반복을 기술한다. 조건을 만족시키면 (혹은 만족시키지 못하면) 이전으로 되돌아가는 화살표가 필요하다. 다음 예제를 통해서 순서도를 직접 보면서 작성 방법을 알아보도록 하자.

순서도 1-6	설명
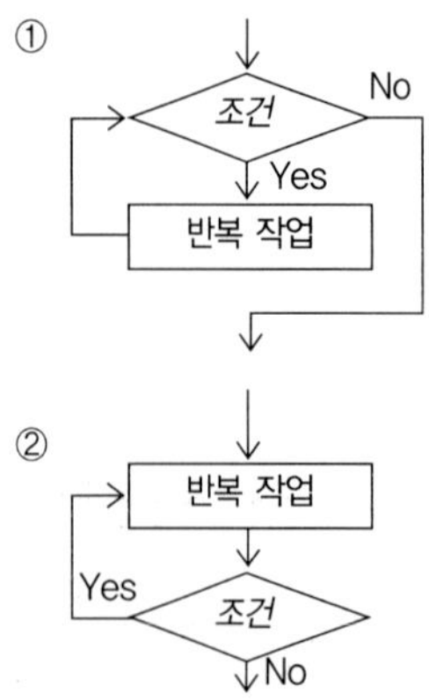	반복 순서도는 ①번과 ②번의 두 가지 형태가 있지만, ①번 형태를 주로 사용함. ①번은 조건이 만족되지 않는 경우에 한 번도 수행되지 않을 수 있지만, ②번은 최소 한 번 이상 수행된다.
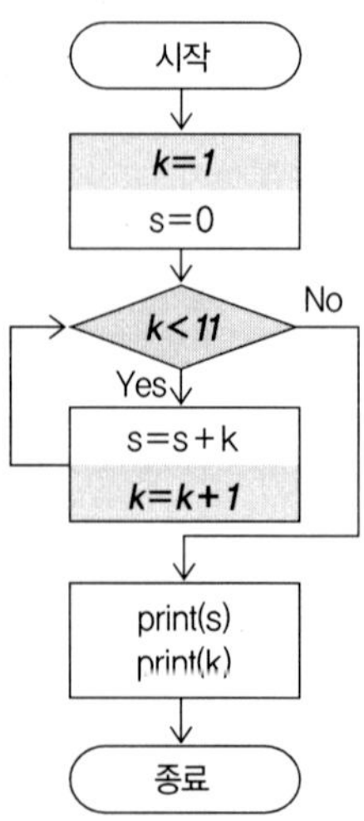	**반복을 이용해서 1~10의 숫자를 모두 더하는 순서도** k의 초기값은 1(k는 1~11까지 변하는 숫자) s의 초기값은 0(s는 합한 값을 저장하는 변수) k의 값이 11보다 작은 동안 다음 내용을 반복함 k의 값을 s에 추가하고, k를 하나 증가시킴 s와 k의 값을 출력

위에서 배운 내용을 바탕으로 다음 문제를 순서도를 이용해서 해결해 보도록 하자.

[문제 7]

2~100까지 숫자 중에서 짝수만 더하는 순서도를 작성하라.

[힌트]

2부터 2씩 증가

[문제 8]

구구단 중에서 5단을 출력하는 순서도를 작성하라.

[문제 9]

30명의 학생 성적을 읽고, 평균을 구하는 순서도를 작성하라.

[힌트]

반복 : 30명의 성적을 읽고, 합함
평균 : 성적 합을 30으로 나눔

[문제 10]

읽은 숫자 N이 소수인지 아닌지 판단하는 순서도를 작성하라(힌트, N을 2~N-1까지의 숫자로 나누어서 나누어떨어지지 않을 때 N은 소수이다.).

[힌트]

9% 3=〉0(나머지가 0이기 때문에 9는 소수 아님. %는 나머지를 알아보는 연산자)

1.5 복합 순서도

복합 순서도는 반복과 분기, 반복 안에 반복 등 다양한 형태의 순서도가 복합되어 있는 형태를 의미한다. 순서도가 복잡해지면, 이를 구조적 혹은 체계적으로 작성하도록 노력해야 문제를 쉽게 해결할 수 있고, 문제의 복잡성을 해결할 수 있다. 순서도를 구조적으로 작성한다는 의미는 큰 작업을 먼저 생각해서 처리하고, 작은 작업은 나중에 점진적으로 해결한다는 의미이다.

표 1-2는 반복과 분기로 구성된 순서도를 구조적으로 작성하는 방법을 소개한다. 반복과 분기로 구성된 순서도는 예를 들어, "50명의 학생의 성적을 읽어서 합격과 불합격을 판별하라", "100개의 숫자를 읽고, 3의 배수만 합하라" 등의 문제를 해결하기 위한 것이다. 위와 같은 문제가 있을 때 이것을 "50명의 학생 성적을 읽어서 처리한다"와 "100개의 숫자를 읽어서 처리한다"라는 문제로 변경하면, 표 1-2에서 ①번 순서도로 표현할 수 있다. 다음에 "처리한다"라는 작은 작업을 분기 순서도로 표현하면 ② 단계 순서도로 표현할 수 있다. 마지막으로 큰 작업과 작은 작업을 결합하면 ③번 단계 순서도로 표현할 수 있다. 이처럼 문제를 체계적으로 해결하려고 하면, 문제를 구조적으로 표현할 수 있다. 순서도를 구조적으로 표현하기 위해서 반복문에서 No 부분은 오른쪽 화살표로 표현하고, Yes 부분은 아래쪽 화살표로 규칙적으로 그리는 것이 좋다.

표 1-2 구조적 순서도 작성 단계

큰 그림 (①)	작은 작업 구체화 (②)	결합 (③)
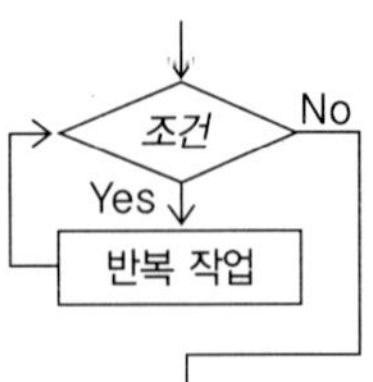	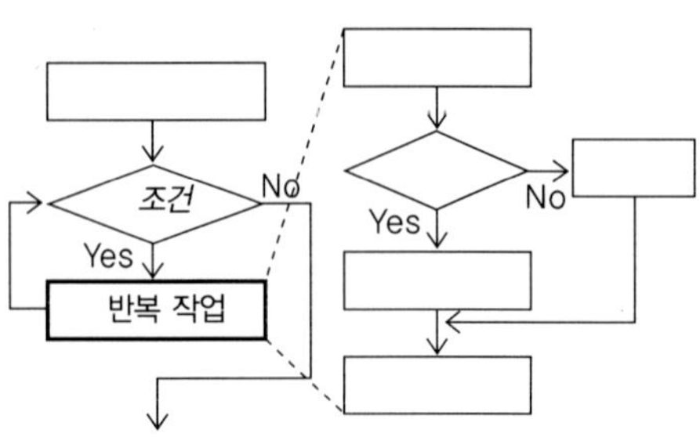	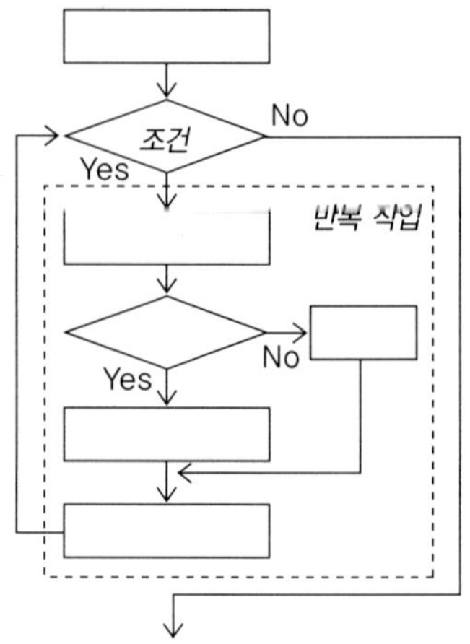

다음 순서도 1-7은 구구단을 출력하는 순서도를 구조적으로 해결하는 방법을 보여준다. 구구단은 2개의 반복 순서도를 사용해서 문제를 해결한다.

순서도 1-7	설명
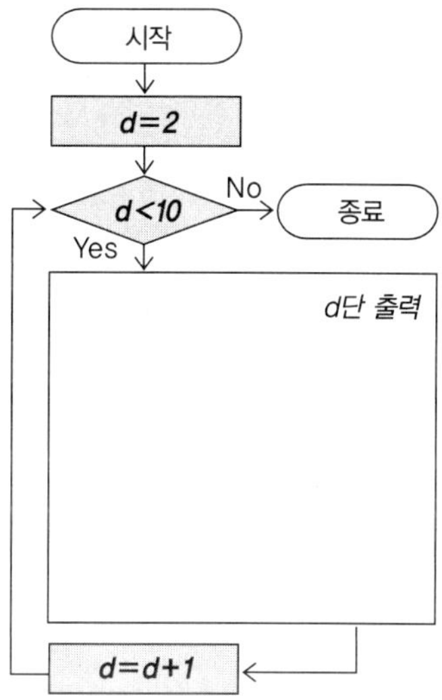	**구구단 출력** d는 단을 의미하고, 2부터 시작 d의 값이 10보다 작을 때까지 반복(즉, 2단부터 9단까지) d단 출력 d의 값을 하나 증가시킴
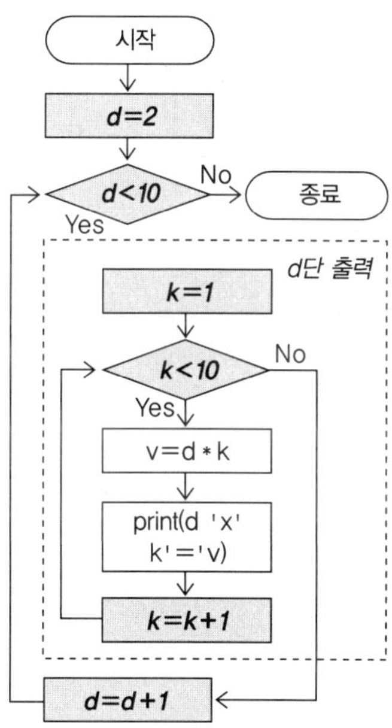	**d단 출력에서** k의 값은 1 k의 값이 10보다 작을 때까지 반복 v=d*k d단의 k항 출력 (즉, 5*3=15 형태로 출력) k의 값을 하나 증가시킴

위에서 배운 내용을 바탕으로 다음 문제를 순서도를 이용해서 해결해 보도록 하자.

[문제 11]

2~100까지 숫자 중에서 소수를 모두 출력하는 순서도를 작성하라.

[힌트]

반복 : 2~100

작은 작업 : 숫자 N의 소수 여부 판별

[문제 12]

0−1+2−3+4−5+6...+100을 계산해서 결과를 출력하는 순서도를 작성하라.

[힌트]

반복 : 0~100

작은 작업 : 홀수인 경우에 −1 곱해서 더하기

[문제 13]

1+2+4+7+11+16... 형태로 증가하는 순열에서 처음 15개 항을 계산해서 결과를 출력하는 순서도를 작성하라.

[문제 14]

1분에 10cm 올라가고, 6cm 떨어지는 달팽이가 5m 벽을 올라가는 시간을 구하는 순서도를 작성하라.

[힌트]

벽에 다 올라가면 떨어지지 않는다.

1.6 작업 분해 순서도

순서도를 이용해서 작업을 기술할 때 업무량이 많아지면, 이를 여러 장의 종이에 표기해야 한다. 이때 작업을 적절한 단위로 분해하면, 업무를 쉽게 이해할 수 있다. 책에서는 순서도에 이름을 붙이고, 분해된 작업에 필요한 값과 작업 후에 결과를 각각 순서도의 시작과 종료에 기술하는 방법을 사용하도록 한다(작업 분해에서 사용하는 기호는 책의 저자가 만든 것이고, 표준 순서도에는 없는 것이다).

작업 분해를 통해서 분리된 작업은 표 1-3에서 볼 수 있듯이 4가지 형태로 구분할 수 있다. 형태 1은 분리된 작업을 독립적으로 일을 수행하고, 끝나는 경우이다. 형태 2는 작업을 시작하기 위해서 전달받는 값이 있어야 하고, 작업 후에 결과에 대해서 보고하지 않는 경우이다. 형태 3은 전달받는 값은 없지만, 작업 결과를 보고해야 하는 경우이다. 형태 4는 가장 일반적인 것으로 작업을 위해서 값을 전달받고, 작업 결과를 보고해야 하는 것이다.

표 1-3 분리된 작업 형태

형태 1	형태 2	형태 3	형태 4
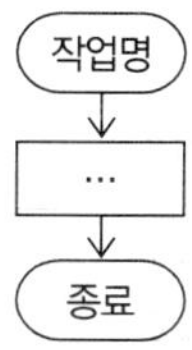	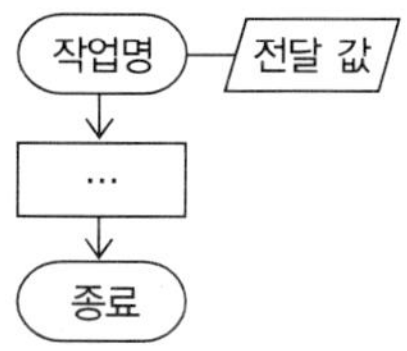	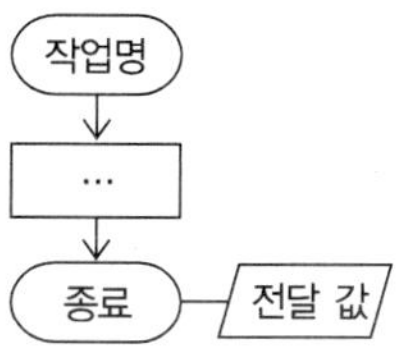	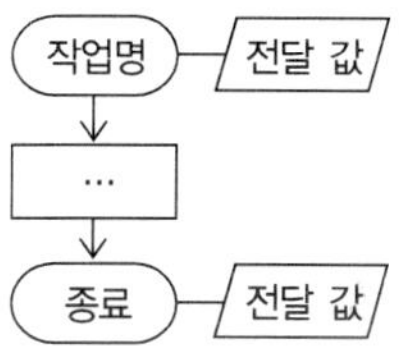

순서도 1-8은 숫자를 읽고, 이것이 소수인지 여부를 판별하는 것을 2개의 작업으로 분해한 것이다. 첫 번째는 숫자를 읽고, 이것이 소수인지 여부를 출력하는 것이고, 둘째는 숫자가 소수인지 여부를 판별하는 것이다. 둘째 작업을 "소수판별"이라고 이름 짓고, 형태 4 방법으로 기술할 수 있다.

순서도 1-8	설명
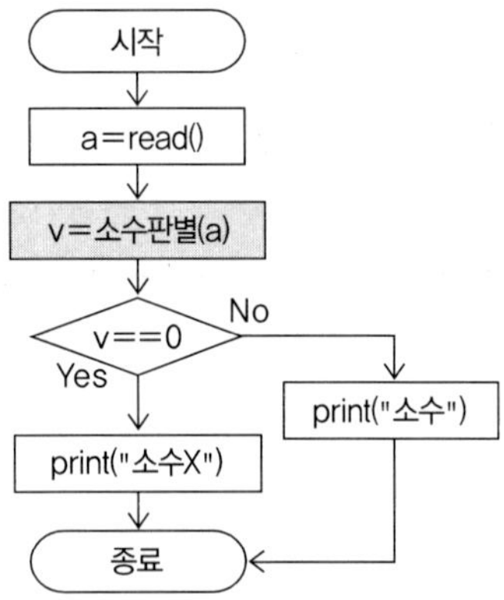	순서도를 작성할 때 작업 공간이 부족하면, 작업 내용의 일부를 별도의 종이에 작성할 수 있다. 이때 작업 내용을 구별하기 위해서 작업내용에 이름(예: 소수판별)을 붙이고, 이 작업에 필요한 정보(예: a)는 무엇인지 파악해서 괄호 안에 넣어준다. 소수판별 작업의 결과가 0이면 읽은 숫자 a는 소수가 아니고, 0이 아닌 경우에는 소수이다.
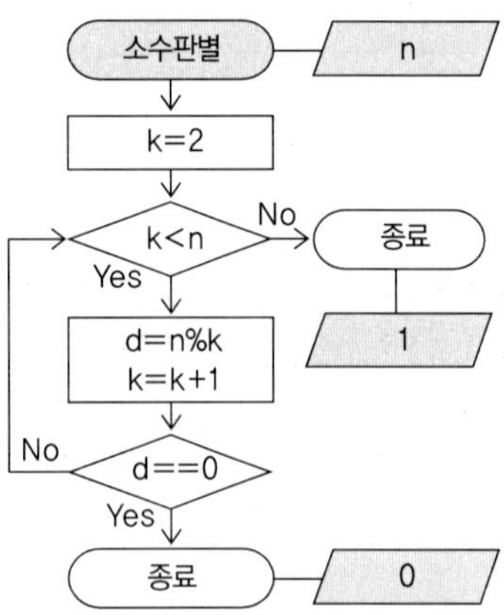	분해한 소작업에는 시작 마크에 작업 이름(소수판별)을 기술하고, 이름 옆에 필요한 정보(예: n)를 기술한다. 작업이 완료된 후에 결과로 전달해야 할 내용(1 혹은 0)을 종료 옆에 평행사변형으로 기술한다. 결과가 1인 경우에는 소수라는 의미이고, 0은 소수가 아니라는 의미이다.

[문제 15]

구구단 전체를 출력하는 것을 작업 분해 방법으로 2개로 분해해서 순서도를 작성하라.

[힌트]	[힌트]
2~9까지 반복하면서, "d단 출력"을 사용	"d단 출력" : 형태 2 전달 값: d

[문제 16]

가로와 세로 값을 읽고, 사각형의 면적을 계산해서 출력하는 것을 2개 작업으로 분해해서 순서도를 작성하라.

[힌트] 가로/세로 읽고, 면적 출력	[힌트] "면적계산" : 형태 4 전달 값: 가로, 세로 결과 값: 면적

1.7 재귀적 작업 분해

어떤 작업 분해는 자기 자신을 이용해서 처리하는 경우가 있다. 이러한 경우를 재귀적 혹은 되부름이라고 한다. 재귀적으로 정의된 경우에는 반드시 종료 조건을 기술해야 한다. 가장 단순하며 명확한 재귀적 정의는 순서도 1-9의 팩토리얼 계산이 있다. N!은 N * (N−1)!로 정의할 수 있기 때문에 재귀적으로 기술할 수 있다. 순서도 1-9는 재귀적 작업 분해의 대표적인 예인 팩토리얼을 계산하는 방법을 보여준다.

순서도 1-9	설명
5!=5 * 4! 단, 0!=1	어떤 계산 식이 자기 자신을 이용해서 정의되는 경우에 이를 재귀적(recursive)이라고 함. 재귀적 계산에는 반드시 종료 조건(예: 0! =1)이 존재함.
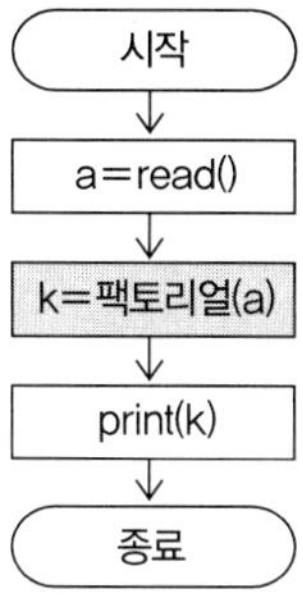	재귀적인 계산 식을 갖는 부분은 작업 분해를 해서 별도의 작업으로 잘라낸다.

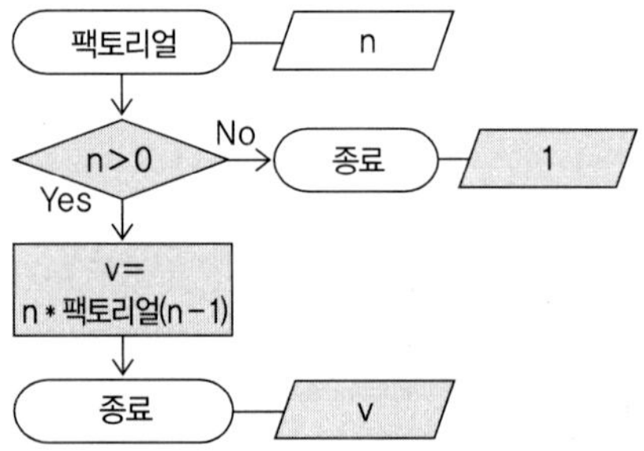

재귀적인 계산 식에 따라 순서도를 작성한다. 일반적으로 종료 조건을 파악하기 위한 판단부분이 있고, 종료 조건을 만족하면 상수값을, 그렇지 않은 경우에는 다시 재귀적인 호출을 한다.

일반적으로 **반복적인 계산 식의 상당 부분이 재귀적인 형태로 변환이 가능**하다.

[문제 17]

a^b을 재귀적인 형태의 순서도로 표현하라. 단, a > 0, b > 0이고, $a^b = a * a^{b-1}$이다.

[문제 18]

피보나치수열의 계산 식을 재귀적인 형태의 순서도로 표현하라. (f(n)=f(n−1)+f(n−2), f(0)=f(1)=1)

1.8 배열 표현하는 법

지금까지 작성한 순서도에서 변수는 하나의 값만 저장할 수 있었다. 그런데 여러 개의 값을 저장하기 위해서 사용되는 것이 있는데 이것을 ***배열(array)***이라고 한다. 배열은 한 개의 변수에 여러 개의 값을 저장할 수 있으며, 각 값을 사용하기 위해서는 [ ]에 번호(인덱스)를 붙여서 사용한다. 배열은 **동일한 형태의 자료를 연속된 영역에 저장**하는 것이다.

순서도 1-10은 x라는 배열에 10개의 정수값을 저장하고, 이 값들의 합을 구하는 방법을 보여준다. 이때 배열 x의 크기는 10이고, 번호는 0~9까지 사용할 수 있다. 배열의 번호는 0번부터 시작한다.

순서도 1-10	설명
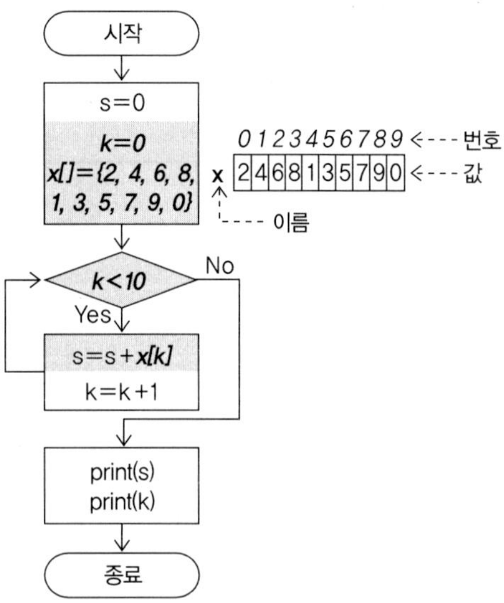	동일한 형태의 값을 여러 개 가질 수 있는 것을 배열이라고 한다. **배열** 안에 있는 값들을 구별하기 위해서는 번호를 사용한다. 주의할 점은 번호는 0번부터 시작한다는 것이다. 번호를 사용할 때는 [] 안에 번호를 넣는다. x[0]=2 x[1]=4 x[2]=6 ...

배열은 1차원뿐만 아니라 2차원, 3차원 등이 있을 수 있다. 2차원 배열의 경우에는 []를 2개 사용하고, 행렬 형태로 구성된다. 이때 행 번호를 먼저 기술하고, 열 번호를 다음에 기술한다.

순서도 1-11	설명
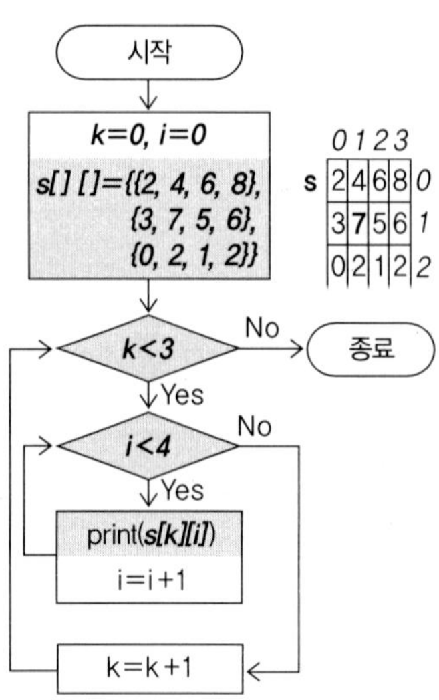	순서도 1-11은 2차원 배열 s[ ][ ]의 값을 초기화하고, 이를 출력하는 것이다. s[0] [0]=2 s[0] [1]=4 s[0] [2]=6 s[0] [3]=8 s[1] [0]=3 **s[1][1]=7** ...

[문제 19]

세 가계(A, B, C)가 사과와 배를 각각 100원, 200원에 판다. 각 가계의 판매 실적은 다음과 같다. (A: 사과 100개, 배 200개, B: 사과 50개, 배 60개, C: 사과 80개, 배 90개) 세 가계에서 판매한 사과와 배의 개수를 2차원 배열로 표현하고, 세 가계에서 판매한 사과와 배의 총 개수가 몇 개인지 파악하는 순서도를 작성하라.

[문제 20]

세 가계(A, B, C)가 사과와 배를 각각 100원, 200원에 판다. 각 가계의 판매 실적은 다음과 같다. (A: 사과 100개, 배 200개, B: 사과 50개, 배 60개, C: 사과 80개, 배 90개) 과일 판매량을 2차원 배열로 표현하고, 세 가계의 사과와 배 판매액이 얼마인지 파악하는 순서도를 작성하라.

1.9 구조체 표현하는 법

배열이 동일한 형태의 자료를 많이 표현할 때(예를 들어, 50명의 수학성적) 편리한 것이 비해 구조체는 종류가 다른 값이 여러 개 사용될 때 필요한 것이다. 예를 들어, 학생 정보로 이름, 나이, 전화번호를 필요로 할 때 사용하는 것이 구조체이다. 구조체는 배열과는 달리 다른 종류 값이 여러 개 사용되고, 구조체 안에 포함된 값을 사용할 때는 점(.)을 기술한다. s가 학생에 대한 구조체인 경우에 다음과 같이 점(.)을 이용해서 값을 할당하거나 사용할 수 있다.

예: s는 학생에 대한 구조체 변수

```
s.name="홍길동"
s.age=21
s.tel="010-123-4567"
```

순서도 1-12는 이름, 나이, 전화번호 정보를 갖는 학생 구조체 변수 s를 선언하고, 각 항목에 값을 할당하고, 이를 출력하는 것을 보여준다.

순서도 1-12

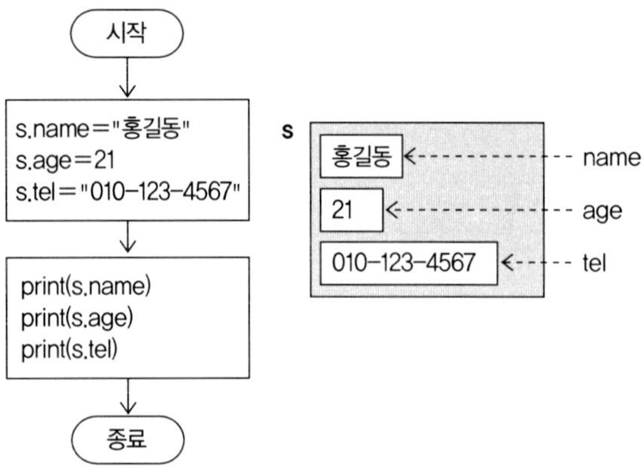

설명

배열과는 달리 다른 종류 값이 여러 개 사용되는 것을 구조체라고 한다. **구조체** 안에 포함된 값을 사용할 때는 점(.)을 기술한다.

```
s.name="홍길동"
s.age=21
s.tel="010-123-4567"
```

학급에서 학생 연락처 목록을 만든다고 가정해 보자. 이러한 경우에는 학생에 대한 정보가 여러 개 사용되기 때문에 학생 구조체의 배열로 만들어서 사용할 수 있다. 순서도 1-13은 학생 구조체의 배열 m을 사용해서 각 항목에 값을 넣고, 이것을 반복을 이용해서 출력하는 것이다.

순서도 1-13

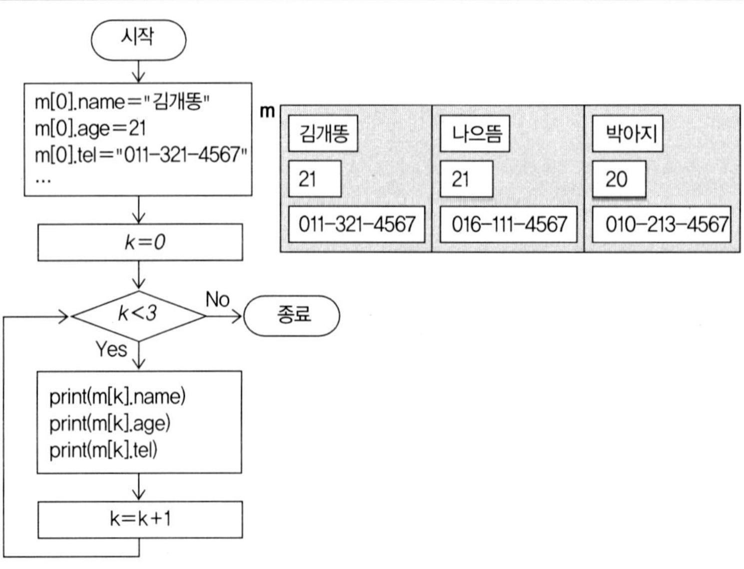

설명

구조체의 배열을 사용한다.

[문제 21]

학생 정보는 이름, 학번, 학과로 구성된다. 각 항목에 자신의 정보를 입력하고, 출력하는 순서도를 작성하라.

[문제 22]

학생에 대한 교과목 성적을 처리하려고 한다. 한 학생에 대한 정보는 학번, C 언어성적, 영어성적으로 구성된다. 자신의 학번과 교과목 점수를 입력하고, 출력하는 순서도를 작성하라.

[문제 23]

학생들의 교과목 성적을 평가하기 위해서 15명의 학생에 대해서 C 언어성적, 영어성적을 입력하고, 이를 평균을 구하려고 한다. 2번에서 작성한 학생 교과목 성적의 구조체와 배열을 이용해서 처리하는 순서도를 작성하라.

1.10 화살표(포인터) 표현하는 법

건물에 주소가 있듯이 우리가 지금까지 사용한 변수들에도 주소가 있다. 이때 변수의 주소는 변수 이름 앞에 & 기호를 붙이도록 하자. 예를 들어, 변수 ***a의 주소***는 ***&a***로 표현하도록 하자.

우리가 일상생활에서 화살표는 다른 사물을 가리킬 때 사용한다. 순서도에서도 다른 것을 가리킬 때 화살표(->)를 이용해서 표현해 보도록 하자. 예를 들어, "***b가 가리키는***"은 "***b->***"으로 표현한다.

순서도 1-14의 좌측에 있는 개념도는 학생 구조체를 화살표를 이용해서 연결해 놓은 것이다. 학생은 이름(name), 나이(age) 정보를 가지고 있고, 다음 학생을 가리키는 next 정보를 가지고 있다. next는 다음 학생을 표시하기 위해서 화살표로 다음 학생 구조체를 가리킨다. 순서도 1-14를 보면 A 다음에 B가 온다는 것을 표현하기 위해서 A의 next에 B의 주소(&B)를 값으로 할당한다. 이처럼 화살표로 연결하기 위해서 next에 연결 대상의 주소를 값으로 넣는다. "나으뜸" 학생의 경우에 더 이상 다음 학생이 없기 때문에 next에 ***끝***이라고 기술한다.

개념도	순서도 1-14	설명
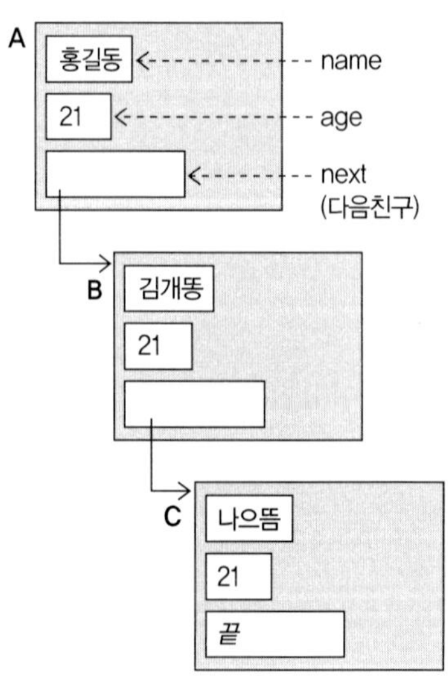	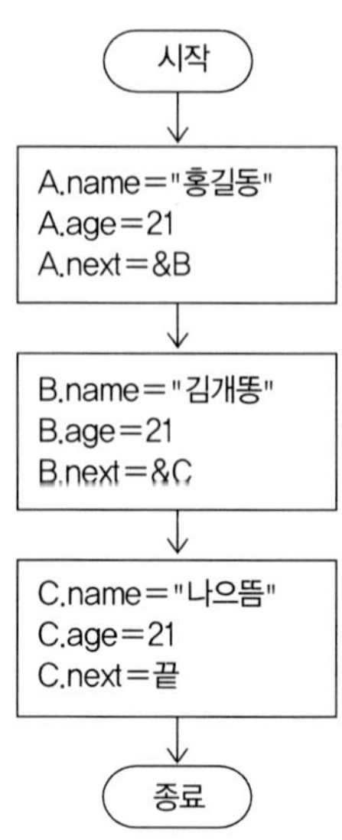	가리키는 대상은 &를 붙이자.

순서도 1-14는 구조체 A, B, C를 이용해서 각 항목에 값을 넣었는데, 순서도 1-15에서는 화살표만 이용해서 순서도 1-14와 동일한 기능을 수행하도록 만들어 보자. 개념도에서 볼 수 있듯이 처음에 홍길동에 대한 화살표 h가 존재한다고 가정하자.

<table>
<tr><th>개념도</th><th>순서도 1-15</th><th>설명</th></tr>
<tr><td>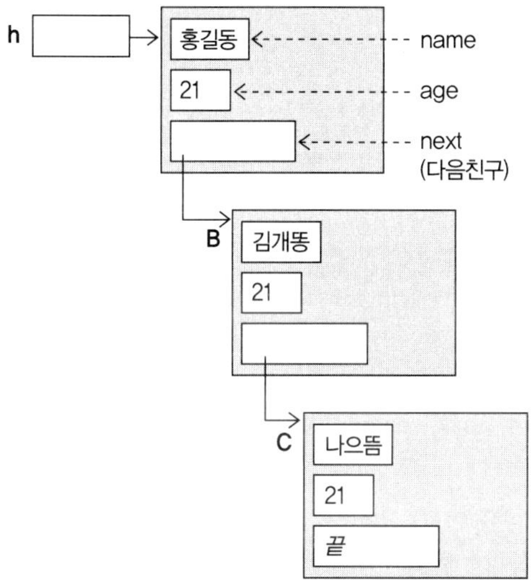
</td><td>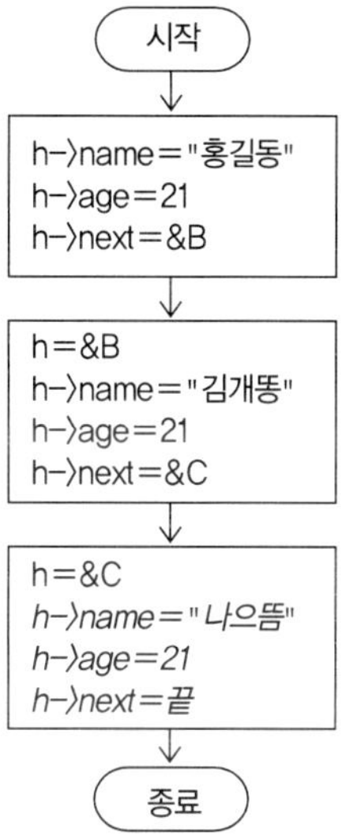
</td><td>"h가 가리키는"은 "h->"로 표시하자</td></tr>
</table>

[문제 24]

순서도 1-15에서 박아지 학생의 정보를 홍길동과 김개똥 사이에 넣으려고 한다. 절차를 개념도와 순서도를 이용해서 기술하라.

[문제 25]

홍길동 학생부터 이름과 나이를 출력하려고 한다. 다음 학생을 찾기 위해서는 화살표를 찾아갈 수 있다. 내용을 출력하는 순서도를 작성하라.

제2장

순서도를 C언어로 변환하기

학습목표

학습목표: 이 장은 1장에서 배운 순서도를 C 언어 프로그램으로 변환하는 방법을 배우고, 이를 익숙하게 습득하는 것을 목적으로 하며, 다음 내용을 배운다.

1. C 언어를 이용한 입력과 출력 방법
2. 분기, 반복, 복합 순서도를 C 언어로 변환하는 방법
3. C 언어의 자료형, 연산자, 제어문 사용 방법

2.1 C 언어 소개 및 C 언어 역사

C 언어는 현재 컴퓨터 분야에서 가장 많이 사용되는 프로그래밍 언어로서 일반 응용 프로그램 개발, 서버 프로그램 개발, 운영체제 개발, 내장 시스템 개발 등의 폭넓은 분야에서 사용되고 있다. 1960년대 말에서 1970년대 초까지 MIT, GE, 벨(Bell) 연구소 등이 모여서 Multics라는 현대적인 운영체제를 개발하기 위한 프로젝트가 수행되었다. Multics 운영체제는 그다지 성공적이지 못하였지만, Multics 개발에 참여했던 벨 연구소의 Ken Thompson (http://www.cs.bell-labs.com/who/ken/)은 Multics의 기능을 대폭 축소한 UNIX라는 운영체제를 개발하게 되었다.

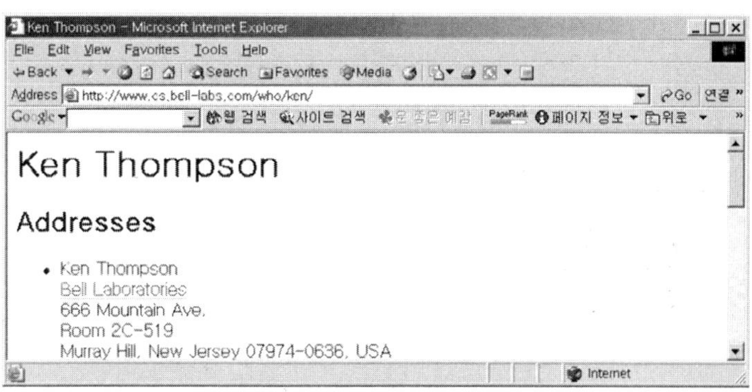

그림 2-1. Ken Thompson의 홈페이지

UNIX 운영체제를 효과적으로 개발하기 위해서 Ken Thompson은 PL/1과 같은 고급 언어이면서 PL/1보다 간단하고, 성능이 우수한 언어를 개발하기 위한 노력을 기울였다. 당시에 Ken Thompson은 B 언어를 간단하게 만든 BCPL(Basic Combined Programming Language)이라는 언어 개발하였다. B 언어는 런던 대학과 캠브리지 대학에서 공동으로 만든 언어로서 Multics에서 구현되었다. 당시 PDP-7 시스템에는 8K 18-bits 워드의 메모리만 있었기 때문에 B 언어는 컴파일이 방식이 아닌 인터프리터 방식을 사용해야 했다. 인터프리터 방식을 사용한 B 언어는 나쁜 성능 때문에 실제로 UNIX 개발에 사용되지 못하였다.

이후에 PDP-11 시스템에서 B 언어를 개량한 C 언어가 Dennis Ritchie (http://cm.bell-labs.com/cm/cs/who/dmr/)에 의해 개발되었다. 다음 그림은 Dennis Ritchie의 홈페이지 모습을 보여준다.

참고

참고: PL/1

PL/1은 IBM에서 개발된 강력하지만, 매우 복잡한 언어이다. PL/1은 Programming Language One의 약자이고, 언어 자체가 상당히 복잡하기 때문에 PL/1 언어의 컴파일러는 IBM 이외에서는 완벽하게 만들지 못했다. PL/1은 현재에도 IBM의 메인 프레임 컴퓨터를 사용하는 곳에서는 사용되는 프로그래밍 언어이다.

참고: 인터프리터(interpreter)

컴파일러(compiler)는 소스 프로그램을 실행 파일로 변경시켜주는 소프트웨어를 말하고, 인터프리터는 소스 프로그램을 직접 실행시켜주는 소프트웨어이다. 초창기 컴퓨터는 메모리가 적었기 때문에 컴파일러를 작성하는 것이 상당히 어려워서 인터프리터를 많이 사용했다.

그림 2-2. Dennis M. Ritchie의 홈페이지

다음 그림 2-3은 Ritchie가 C 언어를 개발한 PDP-11 시스템의 모습을 보여준다. 당시 컴퓨터는 그림과 같이 상당히 컸지만, 지금 컴퓨터에 비해 기능은 상당히 미약했다. 현재도 금융권(은행, 증권, 보험사 등)에서는 메인 프레임이라는 큰 컴퓨터들을 많이 사용하고 있다.

그림 2-3. PDP-11 시스템

C 언어는 계속 발전하였고, 1978년 C 언어의 바이블이라고 불리는 "The C Programming Language"라는 책이 Brian Kernighan과 Dennis Ritchie에 의해 출판되었다. 이 책에서 설명하고 있는 C 언어 버전을 K&R C라고 부른다. 국내에서도 "C 프로그래밍 언어"라는 이름으로 번역본이 출판되었다.

이 책이 발간된 이후로 C 언어는 더욱 널리 사용되었고, 많은 변종 C 언어들이 생겨나게 되면서, 표준화의 필요성이 대두되었다. 1983년 C 워킹 그룹은 ANSI(American National Standard Institute)를 결성하고, C 언어 표준화 작업을 수행하였다. 이후 C 언어의 표준화는 계속 이루어졌고, 1990년에 ISO의 표준으로 지정되었다. C 언어 역사에 대한 보다 상세한 내용은 http://cm.bell-labs.com/cm/cs/who/dmr/chist.html 사이트에서 찾아볼 수 있다.

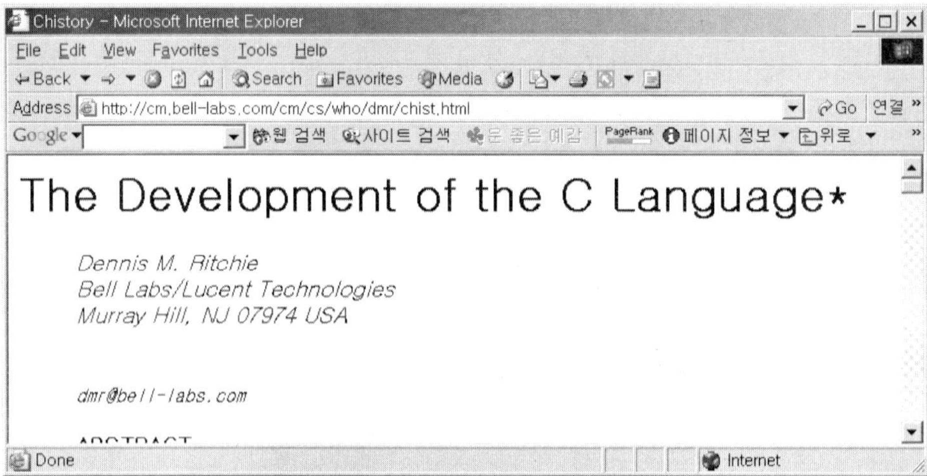

그림 2-4. C 언어의 역사

참고

재미있는 C 소스

C 언어는 사람이 이해하기에는 어려울 정도로 매우 복잡한 형태로 코드를 작성할 수도 있다. 이렇게 복잡한 C 코드를 작성해서 상을 주는 단체도 있다. 다음의 http://www.ioccc.org/ 사이트는 암호 같은 C 언어 코드에 상을 준다.

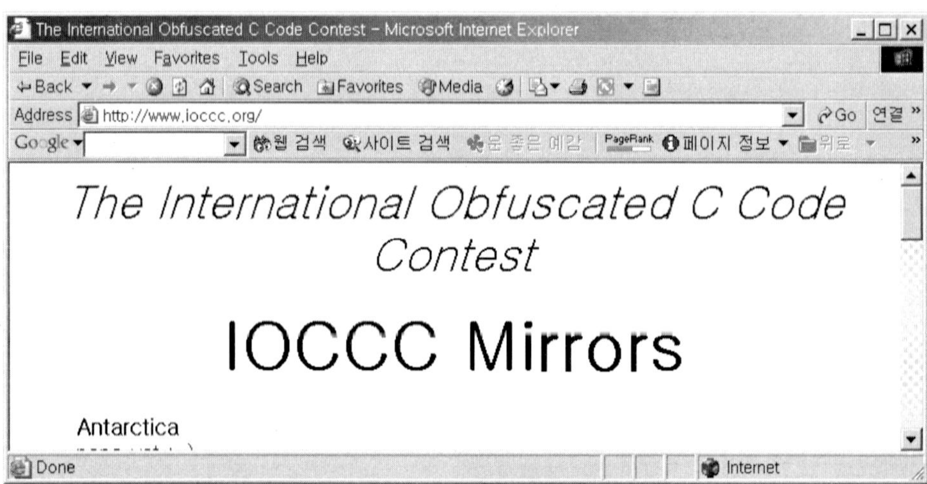

그림 2-5. IOCCC 사이트

다음의 dhyang.c는 2000년에 출품한 프로그램 중에 하나이다. dhyang.c 프로그램은 코드는 일본 만화 주인공의 모습으로 되어 있다.

예제: dhyang.c

```
          #define/**/X
         char*d="X0[!4cM,!"
          "4cK`*!4cJc(!4cHg&!4c$j"
        "8f'!&~]9e)!'|:d+!)rAc-!*m*"
       ":d/!4c(b4e0!1r2e2!/t0e4!-y-c6!"
      "+|,c6!)f$b(h*c6!(d'b(i)d5!(b*a'`&c"
      ")c5!'b+`&b'c)c4!&b-_$c'd*c3!&a.h'd+"
     "d1!%a/g'e+e0!%b-g(d.d/!&c*h'd1d-!(d%g)"
     "d4d+!*l,d7d)!,h-d;c'!.b0c>d%!A`Dc$![7)35E"
    "!'1cA,,!2kE`*!-s@d(!(k(f//g&!)f.e5'f(!+a+)"
    "f%2g*!?f5f,!=f-*e/!<d6e1!9e0'f3!6f)-g5!4d*b"
    "+e6!0f%k)d7!+~^'c7!)z/d-+!'n%a0(d5!%c1a+/d4"
    "!2)c9e2!9b;e1!8b>e/!    7cAd-!5fAe+!7fBe(!"
   "8hBd&!:iAd$![7S,Q0!1    bF 7!1b?'_6!1c,8b4"
   "!2b*a,*d3!2n4f2!${4    f.    '!%y4e5!&f%"
   "d-^-d7!4c+b)d9!4c-a    'd     :!/i('`&d"
   ";!+l'a+d<!)l*b(d=!'   m-      a &d>!&d'"
  "`0_&c?!$dAc@!$cBc@!$  b       <   ^&d$`"
  ":!$d9_&l++^$!%f3a'    n1           $ !&"
  "f/c(o/_%!(f+c)q*c    %!      *    f   &d+"
  "f$s&!-n,d)n(!0i-   c-      k)      !    3d"
  "/b0h*!H`7a,![7*   i]       5      4      71"
 "[=ohr&o*t*q*`*d    *v       *r      ;      02"
 "7*~=h./}tcrsth    &t        :       r       9b"
"].,b-725-.t--//    #r        [       <        t8-"
"752793? <.~;b     ].t--+r    /        #        53"
"7-r[/9~X .v90      <6/<.v;-52/={      k        goh"
"./}q;  u vto    hr  `.i*$engt$        $         ,b"
";$/    =t ;v;   6   =`it.`;7=`        :         ,b-"
"725   = / o`.  .d     ;b]`--[/+      55/         }o"
"`.d   :  - ?5  /        }o`.'    v/i]q           - "
"-[;  5  2  =`  it       .       o;53-            . "
"v96  <7 /     =o        :           d             =o"
"--/i ]q--     [;        h.         /              = "
"i]q--[ ;v     9h        ./         <              - "
"52={cj  u     c&`       i  t     . o              ; "
"?4=o:d=       o--       / i       ]q              - "
"-[;54={ cj    uc&       i]q       -               -"
"[;76=i]q[;6   =vsr      u.i        /              ={"
"=),BihY_gha    ,)\0      "          ,             o [
 3217];int i,  r,w,f      ,          b            ,x ,
 p;n(){return  r   <X     X          X            X X
 768?d[X(143+  X   r++    +           *d           ) %
  768]:r>2659  ?   59:     (           x           = d
  [(r++-768)%  X   947    +       768]             ) ?
 x^(p?6:0):(p  =   34     X       X               X )
  ;}s(){for(x= n   ();    (       x^              ( p
 ?6:0))==32;x= n    ()    ) ;return x             ; }
 void/**/main X     ()    {       r              = p
 =0;w=sprintf (X    X     X     X X               X o
 ,"char*d="); for         (   f=1;f <             * d
 +143;)if(33-(  b=d       [   f++ X              ] )
 ){if(b<93){if   X(!     p         )              o
  [w++]=34;for   X(i      =       35               +
  (p?0:1);i<b;    i++     )       o
  [w++]=s();o[     w++            ]
   =p?s():34;}      else          X
    {for(i=92;       i<b;         i
     ++)o[w++]=       32;}         }
        else o          [w++       ]
                          =10;o     [
                          w]=0     ;
                          puts(o);}
```

dhyang.c 프로그램을 GNU C 컴파일러(gcc)로 컴파일하고, 실행하면 다음과 같은 결과가 출력된다.

결과

C:\〉 gcc -o dhyang.exe dhyang.c

C:\〉 dhyang.exe

```
char*d=")35E!'1cA,,!" "2kE`*!-s@d(!(k(f//g&!)f.e5'f(!+a+)f%2g*!?f5f,!=f-*e/!<d"
"6e1!9e0'f3!6f)-g"        "5!4d*b+e6!0f%k)d7!+~^'c7!)z/d-+!'n%a0(d5!""%c1a+/d4"
"!2)c9e2!9b;e1!8b"        ">e/!7cAd-!5fAe+!7fBe(!8hBd&!:iAd$![7S,Q"     "0!1bF7"
"!1b?'_6!1c,8b4!2"        "b*a,*d3!2n4f2!${4f.'!%y4e5!&f%d-^-d7!4"        "c+b)"
"d9!4c-a'd:!/i('`"        "&d;!+l'a+d<!)l*b(d=!'m-a&d>!&d'`0_&c"               "?!"
"$dAc@!$cBc@!$b<^"        ""                "&d$`:!$d9_&l++^$!%f3"            "a'n"
"1_"                                      "$!&f/c(o/_%!(f+c)q*c%"          "!*f&d"
"+f$"                                    "s&!-n,d)n(!0i-c-k)!3d/"         "b0h*!H`"
"7a,!["                             "7X0[!4cM,!4cK`*!4cJc(!4cHg&!4"       "c$j8f'!&~"
"]9e)!'"                  "|:d+!)""rAc-!*m*:d/!4c(b4e0!1r"          "2e2!/t0e4!-"
"y-c6!+|,c6!)f$b("         "h*c6"      "!(d'b(i)d5!(b*a'"          "`&c)c5!'b+`&"
"b'c)c4!&b-_$c"                          "'d*c3!&a.h'd+d"          "1!%a/g'e+e0!%b"
"-g(d.d/!&c*"                            "h'd1d-!(d%g)"          "d4d+!*l,d7d)!,h-"
"d;c'!.b0c"                                 ">d%!A`Dc$"        "![7*i]5471[=ohr&o*"
"t*q*`*d"                                   "*v*r;027"        "*~=h./}tcrsth&t:r9"
"b].,b"           ""         "-725"              "-.t--/"        "/#r[<t8-752793?<.~"
";b]."        "t--"        "+r/#"                 "537-r"        "[/9~X.v90<6/<.v;-"
"52/="       "{kgoh."      "/}q"      ";u"        "vtohr"        "`.i*$engt$$,b;$/="
"t;v"       ";6=`it."      "`;"       "7=`"        ":,b-7"        "25=/o`..d;b]`--["
"/+"       "55/}o`.d:"     ""        "-?5"          "/}o`.'"        "v/i]q--[;52=`it"
".o"      ";53-.v96<7"              "/=o"        ":d=o--/"          "i]q--[;h./=i]"
"q"      "--[;v9h./<-"             "52="          "{cjuc&`"          "it.o;?4=o:d="
"o"      "--/i]q--["             ";54="         "{cjuc&i]q-"          "-[;76=i]q[;"
"6="       "vsru.i"               "/={"        "=),BihY_gha,)"          "",o[3217];
int i,        r,w             ,f,b,p,        t=641,x;n(){return          r<t?d[(*
d+143+(r                  ++))%t]:r>        +1341?59:(x=d[(r++-t)          %351+t]
)?x^(p?6:0              ):(p=+34);}        main(){w=sprintf(o,"char"         "*d="
);r=p=0;for(      f=1;f<*d+143;)        if((b=d[f++])-33){if(b<+93){          if(
!p)o[w++]=34;for(i=35+(p?0:1);i   <b;i++)o[w++]=n();o[w++]=p?n():+34          ;}
else for(i=92;i<b;i++)o[w++]=32;}else o[w++]=10;o[w]=0;puts(o);};/*Don_Yang*/;
```

dhyang 프로그램을 실행한 결과는 다시 또 다른 프로그램의 소스가 나오고, 이것을 실행시킬 수 있다. 앞에서 본 dhyang.c 프로그램이 너무 복잡하기 때문에 C 언어가 어렵게 느껴지는 분들은 너무 걱정하지 말기 바란다. 이런 프로그램은 작성한 사람을 제외하고는 아무도(?) 이해하지 못할 것이기 때문이다. 우리는 프로그램을 다른 사람도 이해하기 쉽도록 작성할 것이고, C 언어는 여러분들이 생각하는 것보다 훨씬 쉬울 것이다.

2.2 순차 순서도를 C 언어 프로그램으로 변환하기

2장에서는 C 언어 프로그램을 작성하는 방법을 배울 것이다. 그러나 실제적으로 컴퓨터에서 프로그램을 작성하고, 프로그램을 실행하는 것은 3장에서 배울 것이다. 따

라서 2**장에서는 책이나 공책에 프로그램을 작성하도록 하는 것이 좋겠다.**

C 언어 프로그램은 함수로 구성되어 있으며, 다음과 같은 주의 사항을 지켜야 한다.

1. C 언어는 대소문자를 구별한다.
2. C 언어는 필요한 경우에 라이브러리를 사용하기 위해서는 include를 이용할 수 있다.
3. 모든 C 언어 프로그램의 실행은 main( ) { }부터 시작한다.
4. C 언어에서는 문장(statement)이 끝난 뒤에는 세미콜론(;)을 붙인다.
5. 변수는 사용하기 전에 선언해야 하고, 값을 변경해서 여러 번 사용할 수 있지만, 동일한 이름의 변수는 한 번만 선언해야 한다.
6. 화면에 출력하는 것은 printf()를 사용한다.

순서도 2-1은 "Hello" 메시지를 출력하는 가장 간단한 형태의 순서도이고, 이것을 C 언어 프로그램으로 변환한 것을 보여준다.

순서도 2-1	C 언어 프로그램 (hello.c)

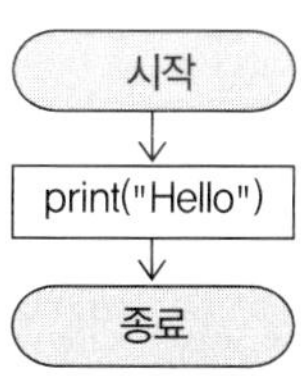	#include <stdio.h>
	
	main( ) {
	   printf("Hello\n");
	}

순서도 2-2는 정수형 변수 a를 선언하고, a의 값을 출력하는 것이다. ***변수(variable)***란 정보(값)에 부여된 상징적인 이름(symbolic name given to some known or unknown quantity or information)을 의미하며, 이는 컴퓨터 메모리에서 값을 저장하기 위한 공간과 관련이 있다. 이때 값의 종류와 크기에 따라서 여러 가지 자료형을 지정한다. C 언어에서는 다음과 같은 방법으로 변수를 선언한다.

형태: 변수 선언

```
자료형  변수이름 [= 초기값] [, 변수이름 [= 초기값] ... ];
```

자료형으로는 기본적으로 다음과 같은 것을 사용할 수 있다. 자료형에 대한 보다 구체적인 내용은 나중에 다루기로 하고, 여기에서는 가장 기본적인 3개 자료형만 익히도록 하자.

```
정수 : int
실수 : double
```

문자 : char

정수는 소수점이 없는 숫자(예: 3, −3)를 의미하고, 실수는 소수점이 있는 숫자(예: 3.14, −3.14)를 의미한다. 문자는 키보드에 있는 문자 하나를 의미하고, 문자를 표현할 때는 단일 인용부호(예: 'A', '9')를 사용한다.

순서도 2-2는 변수 a에 10을 할당하고, 이것을 출력하는 내용이다. 이 순서도를 C 언어 프로그램으로 변경한 프로그램을 통해서, ① 변수를 선언하는 방법, ② 변수에 값을 저장하는 방법, ③ printf()를 이용해서 변수값을 출력하는 방법을 배울 수 있다.

순서도 2-2	C 언어 프로그램 (print_a.c)

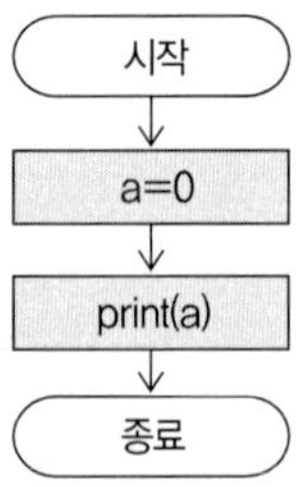


```
#include <stdio.h>

main( ) {
   int a ;
   a = 10 ;
   printf("%d \n" , a) ;
}
```

printf()는 문자열뿐만 아니라 다양한 형태의 변수의 값도 화면에 출력할 수 있다. printf()는 다음과 같은 형태로 사용된다.

형태: printf()

```
printf(포맷지시자, 변수1, 변수2, ...);
```

printf()에서 포맷은 데이터를 출력하기 위한 형태를 지정하기 위해서 사용된다. printf()에서 value라는 변수에 저장된 정수값을 출력해야 한다고 가정해 보자. 이때 value 값을 출력하기 위해서는 다음 그림과 같은 형태로 printf()를 사용해야 한다. printf()에서 %d는 포맷지시자라고 하는데, 뒤에 있는 value 변수의 값이 포맷지시자가 있는 위치에 출력된다.

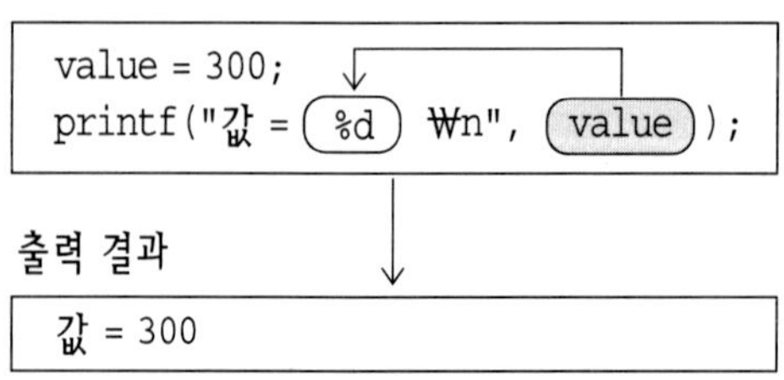

그림 2-6. printf() 형태

printf()에서는 포맷지시자로 %d 이외에 자료형에 따라서 다음과 같은 것을 사용할 수 있다.

- %c : 문자
- %f : 실수 ex) %.2f : 소수점 둘째 자리까지
- %s : 문자열(문자열은 문자들의 연속을 의미하며, 인용부호("")로 표시하고, 문자와는 다른 자료형이다.)

순서도에서 값을 읽을 때 사용한 read() 대신에 C 프로그램에서는 scanf()를 사용한다. 순서도 2-3은 키보드에서 값을 읽는 방법을 보여주기 위한 것이다.

순서도 2-3	C 언어 프로그램 (read_a.c)

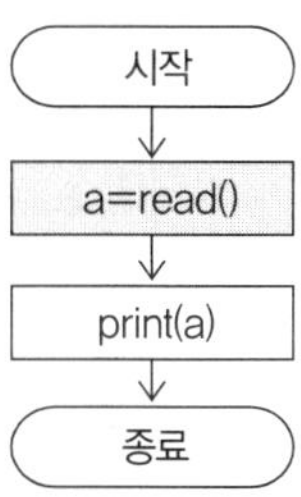	#include <stdio.h>
	
	main( ) {
	   int a ;
	   scanf("%d" , &a) ;
	   printf("%d \n" , a) ;
	}

scanf는 키보드에서 값을 입력받을 때 사용하고, 다음과 같은 형태로 사용하는데, printf()와 유사한 점이 많다.

형태: scanf() 함수

```
int scanf(포맷지시자, &변수, &변수 ...)
```

scanf()에서 원하는 자료형을 읽기 위한 포맷지시자는 printf와 유사하다.

- %d : 정수
- %c : 문자
- %f : 실수
- %s : 문자열

다음 그림은 키보드에서 age라는 변수에 정수값을 읽어오는 것을 보여준다. 그림에서 볼 수 있듯이 우선 ① 값을 읽어서 저장하기 위한 변수(예: age)가 미리 선언되어 있어야 하고, ② scanf()에서 읽을 자료형을 포맷지시자(예: %d)를 이용해서 기술한다. 이때 ③ 값을 저장하기 위한 변수 이름 앞에 & 기호를 붙여준다. &는 책 후반에

배울 것인데, 변수의 주소를 의미한다. 이제 scanf가 호출되면, age라는 변수에는 사용자가 입력한 정수값이 저장되어 있다.

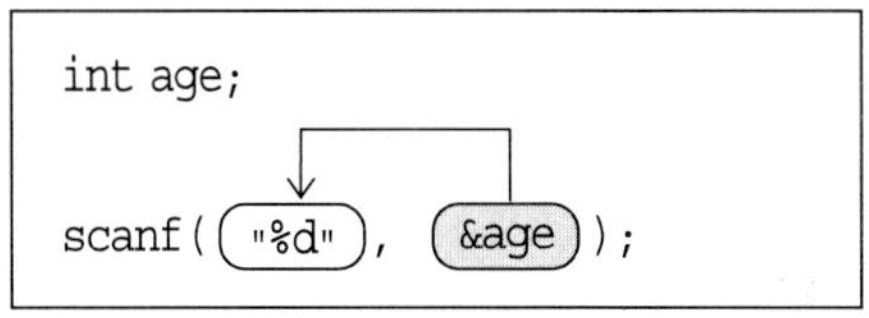

그림 2-7. scanf() 형태

키보드에서 여러 개의 숫자 값을 읽을 때는 포맷지시자와 변수를 여러 개 사용한다. 예를 들어, 2011년 크리스마스 날짜를 입력하기 위해서는 2011, 12, 25의 숫자를 3개 입력하기 위해서는 다음과 같이 scanf()를 사용해야 한다. 키보드에서는 매번 숫자를 입력하고 엔터키를 입력한다.

예 1: 키보드에서 숫자만 입력하는 경우(%d가 빈칸 없이 붙어 있음에 유의하라)

```
int day, month, year;
scanf("%d%d%d", &year, &month, &day);
```

만약 숫자를 입력하고 매번 엔터를 입력하지 않고, 한 줄에 2011 12 25 입력하기 위해서는 scanf()의 포맷지시자에 읽지 않지만 매칭되는 내용(즉, 빈칸)을 기술해야 한다. 위의 입력에서는 각 숫자 사이에 빈칸이 있기 때문에 scanf()의 포맷지사자에 빈칸을 기술해야 한다. 즉, 다음과 같이 scanf()를 사용한다.

예 2: 다음 입력을 scanf로 읽기 위해서는

```
2011 12 25

int day, month, year;
scanf("%d %d %d", &year, &month, &day);
```

만약 2011/12/25과 같이 한 줄로 입력되는 것에서 숫자만 읽고 싶다면, 매치되지만 읽지 않는 / 문자를 포맷지시자에 기술하고 scanf()로 읽는다.

예 3: 다음 입력을 scanf로 읽기 위해서는

```
2011/12/25

int day, month, year;
scanf("%d/%d/%d", &year, &month, &day);
```

2.3 연산자

2.3.1 산술 연산자

산술 연산자는 숫자에 대해서 사칙연산을 적용하기 위해서 사용하는 연산자이다. 산술 연산자는 음수와 양수를 표현하기 위한 단항 연산자와 사칙연산 계산을 위한 이항 연산자로 구별할 수 있다.

```
분류: 산술 연산자 분류
        단항 연산자: + -
        이항 연산자: + - * / %
```

정수에 적용할 수 있는 %는 나머지 값을 파악하기 위해서 사용하는 연산자이다. 예를 들어, 5 % 2를 계산한 값은 1이다.

산술 이항 연산자	정수 연산	실수 연산
+	2 + 3 => 5	2.0 + 3.0 => 5.0
-	2 - 3 => -1	2.0 - 3.0 => -1.0
*	2 * 3 => 6	2.0 * 3.0 => 6.0
/	2 / 3 => 0	2.0 / 3.0 => 0.666666
%	2 % 3 => 2	연산 불가(실수 계산에서는 나머지가 없어서)

산술 연산자의 변형으로 값을 1씩 증가 혹은 감소시키는 연산자를 증가 연산자 / 감소 연산자라고 하고, 변수와 함께 ++와 --를 사용한다. ++와 --는 변수의 앞 혹은 뒤에 붙여서 사용할 수 있다.

```
예: 증가/감소 연산자
   x++;         // 증가 연산자. x의 값 1 증가
   x--;         // 감소 연산자. x의 값 1 감소
   ++x;         // 증가 연산자. x의 값 1 증가
   --x;         // 감소 연산자. x의 값 1 감소
```

++k와 k++는 모두 k값을 1씩 증가시키는 연산이지만 때에 따라 다른 결과가 나오기도 한다. ++k는 우선 k값을 증가시키고 다른 작업을 수행하라는 의미이고, k++는 다른 작업이 끝난 다음에 k값을 증가시키라는 의미이다.

증가 연산자	연산 예	연산 결과

k++	k = 1;
	s = 2 + k++;
	s와 k의 값은?
		s => 3
		k => 2

++k	k = 1;
	s = 2 + ++k;
	s와 k의 값은?
		s => 4
		k => 2

2.3.2 관계 연산자

작다, 크다 등의 관계를 나타내는 연산자로서 조건이 맞으면 연산의 결과는 참(**참은 정수 1로 표현**)이고, 조건이 맞지 않으면 연산의 결과는 거짓(**거짓은 정수 0으로 표현**)이다. 다음 예는 관계 연산자의 사용법과 의미를 보여준다.

예: 관계 연산자

```
x == y      /* x와 y 값이 같으면 참         */
x != y      /* x와 y 값이 같지 않으면 참    */
x > y       /* x가 y보다 크면 참            */
x >= y      /* x가 y보다 크거나 같으면 참   */
x < y       /* x가 y보다 작으면 참          */
x <= y      /* x가 y보다 작거나 같으면 참   */
```

2.3.3 논리 연산자

논리 연산자는 참 혹은 거짓을 이용해서 계산을 수행하고, 다시 참(1) 혹은 거짓(0)이라는 결과를 만들어내는 연산자이다. 이러한 계산을 수행하는 연산자로는 AND(&&), OR(||), NOT(!), XOR(^)가 있다.

형태: 논리 연산자

```
&&  ||  !  ^
```

다음 예는 논리 연산자를 사용하는 방법과 의미를 보여준다.

예: 논리 연산자

```
x && y   /* x와 y 값이 참인 경우에 참(1), 아니면 거짓(0) */
x || y   /* x나 y값이 참이면 참(1), x와 y가 모두 거짓이면 거짓(0) */
```

```
!x        /* x의 값이 참이면 거짓(0), x가 거짓이면 참(1) */
x ^ y     /* x와 y값이 같으면 거짓(0) */
```

논리 연산자에서 다음과 같은 경우를 생각해 보자.

```
참 || ?
거짓 && ?
```

이러한 경우에 ? 부분에 관계없이 첫 번째 경우는 항상 참을 리턴하고, 두 번째 경우는 항상 거짓이다. 이러한 경우에 ? 부분은 전체 연산에 영향을 미치지 못하기 때문에 계산을 수행하지 않는다. 이러한 특성을 숏서킷 로직(short-circuit logic) 혹은 숏서킷 평가(short-circuit evaluation)이라고 한다.

2.3.4 할당 연산자

할당 연산자는 변수에 값을 저장하기 위해서 사용된다. 할당 연산자는 크게 2가지 형태로 사용될 수 있다. 첫 번째 형태는 단순히 변수에 값을 저장하는 것이다(예: x =2). 두 번째 형태는 할당 연산자가 다른 연산자와 결합된 형태이다(예: x+=2는 x =x+2와 동일한 의미이고, +=은 하나의 연산자이기 때문에 붙여 써야 한다.). 다음은 할당 연산자의 사용 예이다. x*=2+5는 x=x*(2+5)와 동일함에 주의하라.

예: 할당 연산자

```
x = 10;        /* 변수 x에 값 10을 할당한다.    */
x += 10;       /* x = x + 10                    */
x -= 10;       /* x = x - 10                    */
x *= 10;       /* x = x * 10                    */
x /= 10;       /* x = x / 10                    */
x %= 10;       /* x = x % 10                    */
x <<= 10;      /* x = x << 10                   */
x >>= 10;      /* x = x >> 10                   */
x &= y;        /* x = x & y                     */
x ^= y;        /* x = x ^ y                     */
x |= y;        /* x = x | y                     */
x *= 2 + 5;    /* x = x * (2 + 5)               */
```

2.3.5 형변환 연산자

자료형을 변경할 때 사용되는 연산자를 형변환(캐스트, cast) 연산자라고 한다. 형변환 연산자는 ()를 사용해서 변경될 자료형을 기술한다.

형태: 형변환 연산자

```
(자료형) 값
```

다음 예는 실수형 값인 3.14를 정수형으로 변환하는 것을 보여준다. 이렇게 형을 변환하는 경우에 변수 d에는 3 값이 할당된다. 이때 변수 d는 정수형으로 미리 선언되어 있다고 가정한다.

예: 형변환

```
int d;
d = (int) 3.14;   /* d는 3 값이 저장됨 */
```

2.3.6 연산자 종합

계산을 수행하기 위해서 필요한 연산자들에 대해서 알아보도록 하자. C 언어는 다음과 같은 연산자들을 지원한다. 다음 표에서 비교적 덜 사용되는 비트 연산자는 생략했다.

표 2-1 연산자

분류	연산자	의미	사용 예
산술 연산자	+, -, *, /	가감승제	2 / 5 => 0 2.0 / 5.0 => 0.4
	%	나머지 연산자	5 % 2 => 1
	++, --	증가/감소 연산자	k = 0 ; k++;
관계 연산자	==, !=, >, <, >=, <=	관계 파악, 결과는 참(1)/거짓(0)	if(x == y) { } if(x != y) { }
논리 연산자	&&, ||, !	AND, OR, NOT	if(x && y) { } if(x || y) { }
할당 연산자	=	변수에 값 할당	x = 10;
	+=, -=, *=, /=, %=	변수값을 이용해서 계산하고, 결과를 변수에 할당	x += 10 => x = x + 10 x *= 2 + 5 => x = x * (2+5)
형변환 연산자	(자료형) 값	값을 형변환	doule p = 3.14; int ip = (int)P; // ip는 3

1장에서 작성한 순서도를 C 언어 프로그램으로 변경해 보도록 하자.

[문제 1]

가로와 세로 값을 읽고, 사각형의 면적을 계산해서 출력하는 순서도를 C 언어 프로그램으로 변환하라.

[힌트]

```
int w, h;

scanf("%d", &w); // 가로 읽기
scanf("%d", &h); // 세로 읽기
```

[문제 2]

반지름값을 읽고, 원의 면적을 계산해서 출력하는 순서도를 C 언어 프로그램으로 변환하라.

[힌트]

```
double v;

v = r * r * 3.14;
```

[문제 3]

화씨온도를 읽고, 이것을 섭씨온도로 변환해서 출력하는 순서도를 C 언어 프로그램으로 변환하라(실수 계산과 형변환 연산자를 사용해 보자.).

[힌트]

```
int C, F;

C = (int) (F * 5.0/9.0 - 32);
```

[문제 4]

상수 a, b, c의 값을 읽고, 이차방정식 $ax^2+bx+c=0$에 대해서 근을 구하고, 이를 출력하는 순서도를 C 언어 프로그램으로 변환하라.

2.4 분기 순서도를 C 언어 프로그램으로 변환하기

분기 순서도는 if 문을 이용해서 C 언어 프로그램으로 변환할 수 있다. if 문은 조건적으로 문장을 수행하고자 할 때 사용된다. if 문은 크게 3가지 형태로 사용될 수 있다. 형태 1은 if 문의 *condition*이 true이면 *statement*를 수행하고, false인 경우에는 *statement*를 수행하지 않는다.

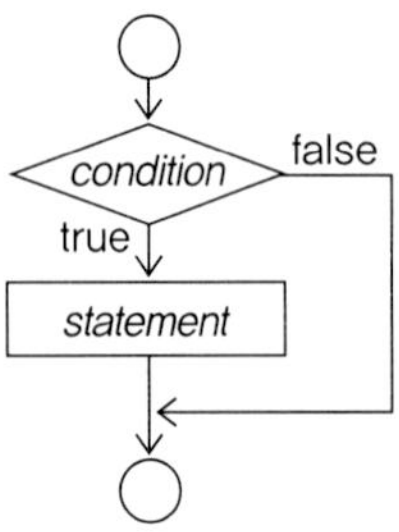


```
형태 1: if 문
   if( condition ) {
         statement ;
   }

예: 형태 1의 if 문
   if( score >= 90 ) {
      printf("A");
   }
```

형태 2의 if 문은 *condition*이 true이면 *statement1*을 수행하고, false인 경우에는 *statement2*를 수행한다.

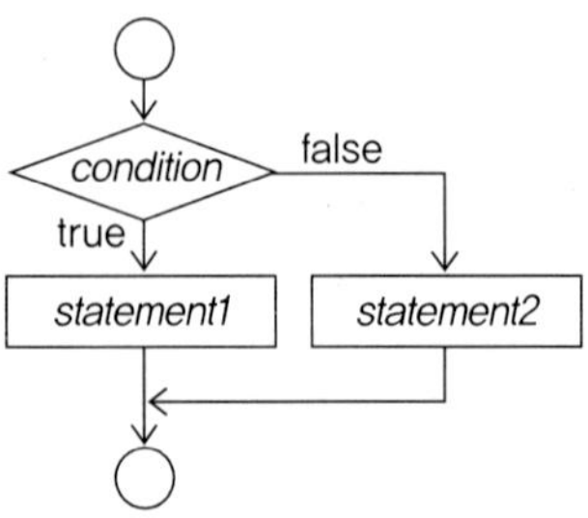


```
형태 2: if 문
   if( condition ) {
         statement1
   } else {
         statement2
   }
예: 형태 2의 if 문
   if( score >= 90 ) {
      printf("A");
   } else {
      printf("Not A");
   }
```

형태 3의 if 문에서는 *condition1*이 true이면 *statement1*을 수행하고, false이면 *condition2*의 값을 체크한다. *condition2*가 true이면 *statement2*를 수행하고, *condition2*가 false이면 *statement3*을 수행한다. else if 부분은 여러 번 반복될 수 있다.

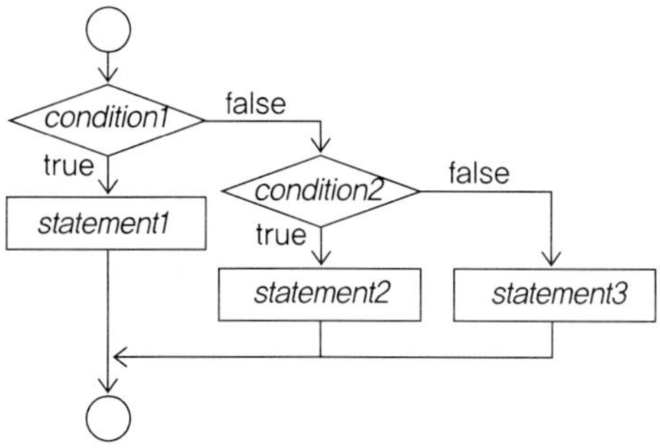

형태 3: if 문

```
if ( condition1 ) {
        statement1
} else if ( condition2 )  {
        statement2
} else {
        statement3
}
```

순서도 2-4는 형태 2의 if 문을 이용해서 성적이 90점을 넘는 경우에 "A"를 출력하고, 그렇지 않은 경우에는 "Not A"를 출력하는 순서도를 C 언어 프로그램으로 변환한 것이다.

순서도 2-4

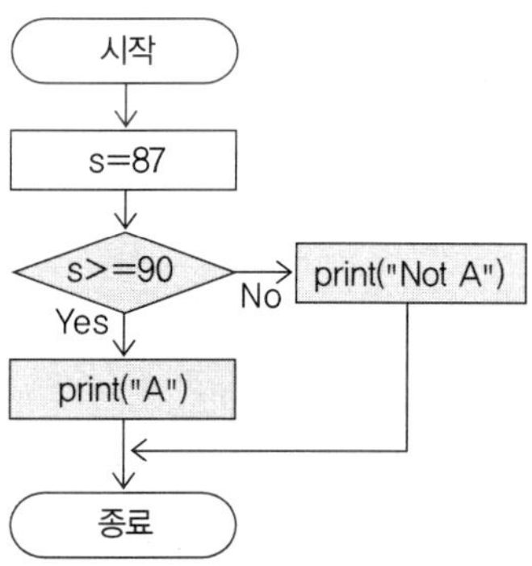

C 언어 프로그램 (score_a.c)

```
#include <stdio.h>
main( ) {
   int s ;
   s = 87;
   if ( s >= 90) {
      printf("A\n");
   } else {
      printf("Not A\n");
   }
}
```

1장에서 작성한 순서도를 C 언어 프로그램으로 변경해 보도록 하자.

[문제 5]	[문제 6]
성적(0~100)을 입력받고, 성적에 따라 A(90점 이상), B(80점 이상), C(70점 이상), D(60점 이상), F(60점 미만)를 출력하는 순서도를 C 언어 프로그램으로 변환하라.	나이를 입력받고, 나이에 따라 "어린이"(1~12), "십대"(13~19), "청년"(20~35), "장년"(36~59), "노인"(60이상)을 출력하는 순서도를 C 언어 프로그램으로 변환하라.

2.5 반복 순서도를 C 언어 프로그램으로 변환하기

반복 작업은 while, for, do-while을 이용해서 C 언어로 변환할 수 있는데, 주로 while과 for를 이용한다. 반복은 ***초기화, 반복되는내용, 반복조건***으로 구성된다. 순서도 2-5는 while 문을 이용해서 1~10의 합을 구하는 순서도를 C 언어 프로그램으로 변환한 것이다. while 문은 다음과 같은 형태를 갖는다. 조건이 참인 경우에 반복 작업이 수행된다.

형태: while 문

```
변수값초기화
while ( 반복조건 ) {
    반복 작업
}
```

순서도 2-5	C 언어 프로그램(while 버전, sum_w.c)

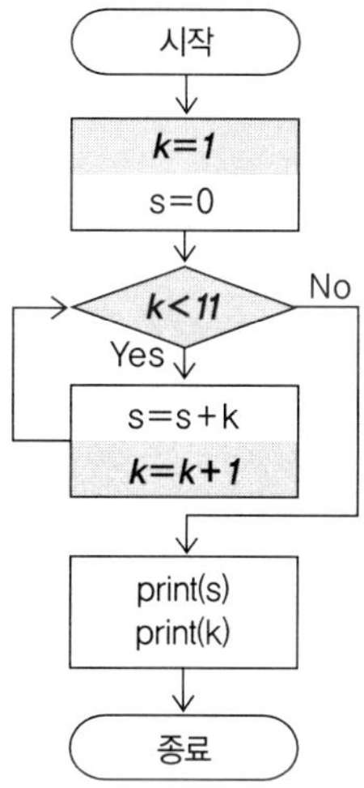


```
#include <stdio.h>
main( ) {
   int k = 1;
   int s = 0;


   while(k < 11) {

     s = s + k;
     k = k + 1;
   }

   printf("s = %d\n", s);
   printf("k = %d\n", k);

}
```

for 문은 while 문과 마찬가지로 C 언어 문장을 여러 번 반복적으로 수행할 필요가 있을 때 사용된다. for 문은 ***초기값, 반복조건, 증가부분***으로 구성된다. 조건이 참인 경우 for 문은 반복적으로 수행된다.

형태: for 문

```
for ( 초기값 ; 반복조건 ; 증가부분 ) {
   반복작업
}
```

순서도 2-6은 for 문을 이용해서 C 언어 프로그램으로 변환한 것이다. 순서도 2-5의 while 문과 2-6의 for 문의 차이점을 유의 깊게 살펴보기 바란다. for문에서 k 값이 하나씩 증가되는 경우에 k=k+1을 ***k++***로 기술해도 된다.

순서도 2-6	C 언어 프로그램(for 버전, sum_f.c)

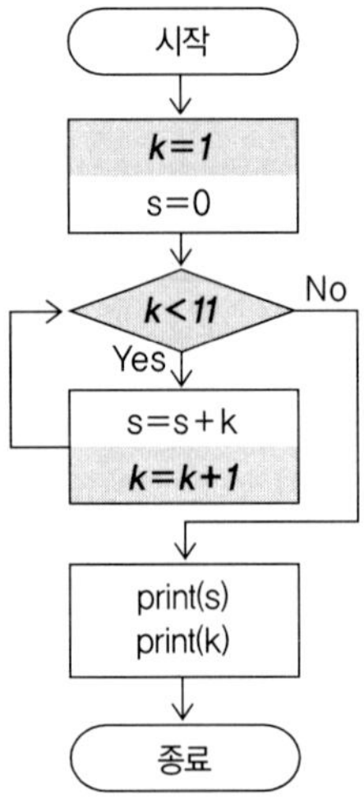


```c
#include <stdio.h>
main( ) {
   int k, s = 0;


   for( k=1; k < 11; k=k+1) {

     s = s + k;
   }

   printf("s = %d\n", s);
   printf("k = %d\n", k);

}
```

위에서 배운 내용을 바탕으로 다음 문제에 대한 순서도를 C 언어 프로그램으로 변환해 보도록 하자.

[문제 7]

2~100까지 숫자 중에서 짝수만 더하는 순서도를 C 언어 프로그램(while 버전)으로 변환하라.

[문제 8]

구구단 중에서 5단을 출력하는 순서도를 C 언어 프로그램(for 버전)으로 변환하라.

[문제 9]

30명의 학생성적을 읽고, 평균을 구하는 순서도를 C 언어 프로그램(while 버전)으로 변환하라.

[문제 10]

읽은 숫자 N이 소수인지 아닌지 판단하는 순서도를 C 언어 프로그램(for 버전)으로 변환하라.

2.6 복합 순서도를 C 언어 프로그램으로 변환하기

복합 순서도는 분기 내부에 반복 혹은 다른 분기, 반복 내부에 반복 혹은 분기가 존재하는 경우이다. 이처럼 내부에 다른 내용이 들어가는 것은 표현하기 위해서 C 언어에서는 중괄호({ })를 사용한다. 즉, if 문/while 문/for 문에 있는 중괄호를 사용해서 내부에 다른 내용을 기술할 수 있게 한다. 다음의 순서도 2-7은 구구단을 출력하는 순서도를 C 언어 프로그램으로 변환한 것이다. 순서도에서는 2개의 중첩된 반복이 존재하는데, 이것을 C 언어 프로그램에서는 외부 반복은 while 문으로, 내부 반복은 for 문을 이용해서 변환하였다. 내부 for 문이 while 문의 중괄호 내부에 존재한다는 것에 유의하라.

순서도 2-7

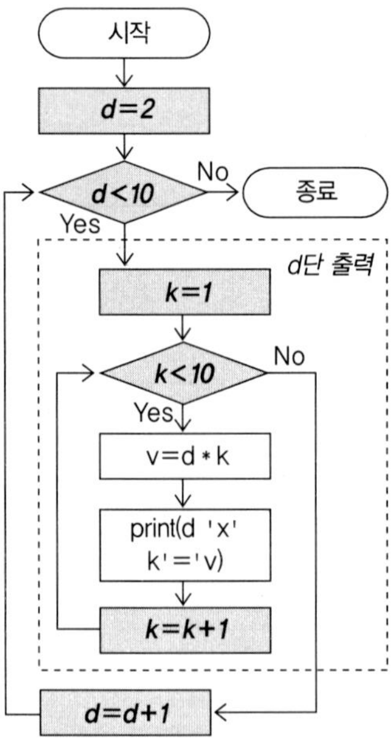

C 언어 프로그램 (gugu.c)

```
#include <stdio.h>
main( ) {
   int d, k, v;
   d = 2;
   while ( d < 10 ) {


      k = 1;

      while ( k < 10 ) {

         v = d * k;

         printf("%d x %d = %d\n", d, k, v);


         k = k + 1;
      }
      d = d + 1;
   }
}
```

위에서 배운 내용을 바탕으로 다음 문제에 대한 순서도를 C 언어 프로그램으로 변환해 보도록 하자.

[문제 11]

2~100까지 숫자 중에서 소수를 모두 출력하는 순서도를 C 언어 프로그램으로 변환하라.

[문제 12]

0-1+2-3+4-5+6 ... +100을 계산해서 결과를 출력하는 순서도를 C 언어 프로그램으로 변환하라.

[문제 13]

1+2+4+7+11+16... 형태로 증가하는 순열에서 처음 15개 항을 계산해서 결과를 출력하는 순서도를 C 언어 프로그램으로 변환하라.

[문제 14]

1분에 10cm 올라가고, 6cm 떨어지는 달팽이가 5m 벽을 올라가는 시간을 구하는 순서도를 C 언어 프로그램으로 변환하라.

2.7 작업 분해를 C 언어 프로그램으로 변환하기

순서도에서 작업 분해는 프로그램에서는 ***함수(function)***로 변환할 수 있는데, 이것은 **어떤 작업을 수행하는 프로그램 코드들을 하나의 단위로 모아 놓고, 이름을 붙인 것**이다. 함수는 이름이 있기 때문에 한 번 정의해 놓으면 여러 곳에서 이것을 사용할 수 있다. 함수를 사용하는 것을 **함수 호출**(call 혹은 invoke)이라고 한다. C 언어의 함수는 다음과 같은 형태로 선언할 수 있다.

형태: 함수 선언

```
리턴타입 함수이름 ( 매개 변수타입 매개 변수 ) {
    C 언어 프로그램 코드
}
```

함수에서 작업을 마치는 경우에 작업 결과 값을 전달하기 위해서 다음과 같은 형태의 return 문을 사용한다.

형태: return 문

```
return 값 ;    // 돌려줄 값이 있는 경우. 함수의 리턴타입은 값의 자료형
return ;       // 돌려줄 값이 없는 경우. 함수의 리턴타입은 void
```

다음 표 2-2는 순서도 형태에 따라 함수로 변환하는 방법을 보여준다. 전달 값의 유무와 결과값의 유무에 따라 함수 형태가 변경되는 것에 주의하라.

표 2-2 함수 형태

형태 1	형태 2
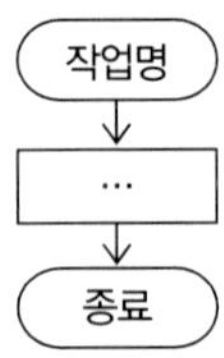	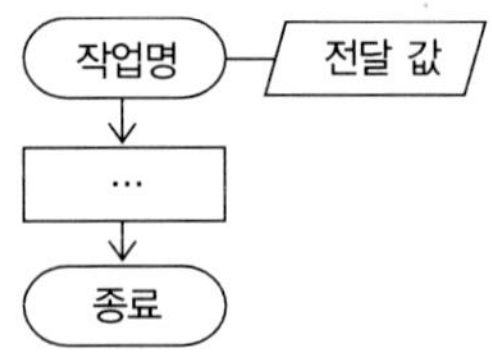

void 작업명() {
  ...
}
	void 작업명(***자료형 변수명***) {
	  ...
	}

형태 3	**형태 4**
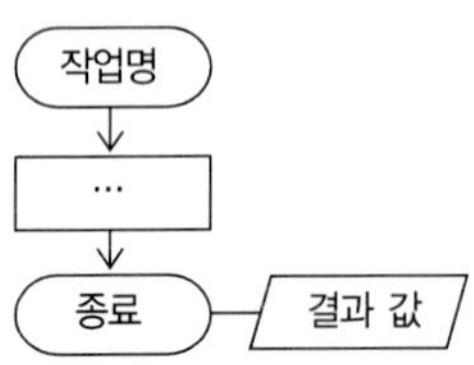	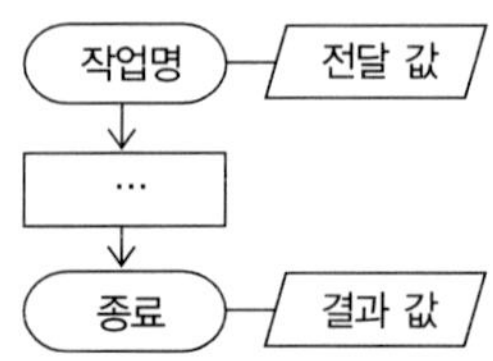

리턴타입 작업명() {
  ...
  return ***값;***
}
	리턴타입 작업명(***자료형 변수명***) {
	  ...
	  return ***값;***
	}

순서도 2-8은 소수판별을 별도의 순서도로 작업 분해하고, 이것을 is_prime()이라는 C 언어 함수로 변환한 것이다. is_prime() 함수는 숫자 n이 소수인 경우에는 1을 돌려주고, 그렇지 않은 경우에는 0 값을 돌려준다. 따라서 is_prime()의 리턴타입은 int로 지정한다.

순서도 2-8	C 언어 프로그램 (prime.c)

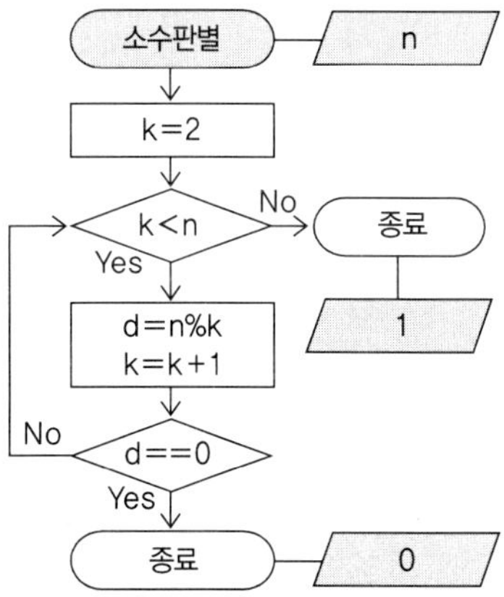


```
int is_prime(int n) {
   int k = 2;
   int d;
   while (k < n) {
      d = n % k;
      k = k + 1;
      if(d == 0) {
         return 0;
      }
   }
   return 1;
}
...
```

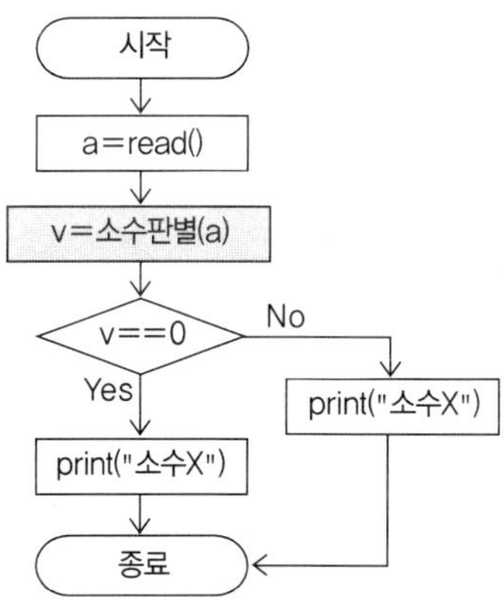


```
#include <stdio.h>
 ... /* int is_prime(int n) { }을 이곳에 */
main( ) {
   int a, v;
   printf("숫자를 입력하세요:");
   scanf("%d", &a);
   v = is_prime(a);
   if (v == 0) {
     printf("%d는 소수 아님\n", a);
   } else {
     printf("%d는 소수임\n", a);
   }
}
```

위에서 배운 내용을 바탕으로 다음 문제에 대한 순서도를 C 언어 프로그램으로 변환해 보도록 하자.

[문제 15]

구구단 전체를 출력하는 것을 작업 분해 방법으로 2개로 분해해서 순서도를 C 언어 프로그램으로 변환하라.

[문제 16]

가로와 세로 값을 읽고, 사각형의 면적을 계산해서 출력하는 것을 2개 작업으로 분해해서 순서도를 C 언어 프로그램으로 변환하라.

2.8 재귀적 작업분해를 C 언어 프로그램으로 변환하기

재귀적 작업 분해를 C 언어 프로그램으로 변환하는 것은 일반 작업 분해를 C 언어 프로그램으로 변환하는 것과 동일하다. 다만, 주의할 점은 재귀적 작업 분해에서 작업 종료 조건이 명확히 존재해야 한다는 점이다.

순서도 2-9는 팩토리얼을 구하는 문제를 재귀적으로 표현하고, 이를 C 언어 프로그램으로 변환한 내용이다. 종료 조건으로 n의 1보다 작은 경우에는 1 값을 리턴하도록 정의하고 있다. factorial()의 리턴 값은 long으로 지정했는데, 팩토리얼 계산 결과가 int로 표현하기에는 너무 큰 숫자가 많기 때문이다. 순서도 2-9에서 main() 부분은 1장에서 작성한 순서도와는 달리 임의의 숫자를 읽어서 팩토리얼 값을 계산할 수 있도록 수정한 것이다.

<table>
<tr><th>순서도 2-9</th><th>C 언어 프로그램 (factorial.c)</th></tr>
<tr><td>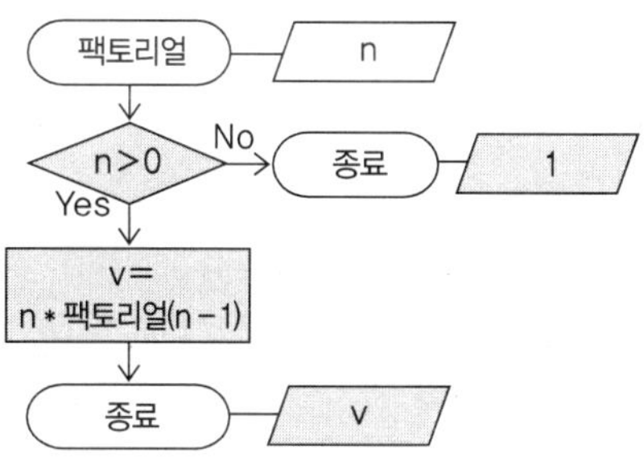
</td><td><pre>...
long factorial(int n) {
   long d;
   if (n > 1) {
     d = n * factorial(n-1);
     return d ;
   } else {
     return 1 ;
   }
}
...</pre></td></tr>
<tr><td>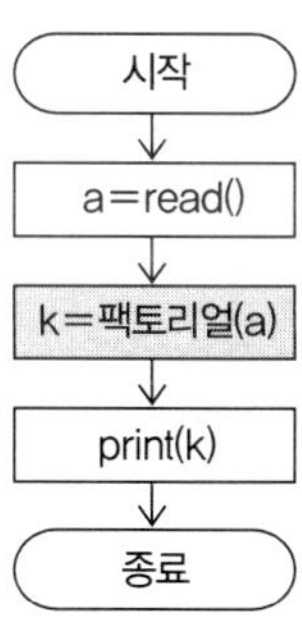
</td><td><pre>#include <stdio.h>
  ...
main( ) {
   int a;
   long k;
   printf("1~10 사이의 숫자를 입력하세요:");
   scanf("%d", &a);
   k = factorial(a);
   printf("%d! = %d\n", a, k);
}</pre></td></tr>
</table>

위에서 배운 내용을 바탕으로 다음 문제에 대한 순서도를 C 언어 프로그램으로 변환해 보도록 하자.

[문제 17]

a^b을 재귀적인 형태의 순서도로 표현하라. 단, a > 0, b > 0이고, $a^b = a * a^{b-1}$이다.

[문제 18]

피보나치수열의 계산 식을 재귀적인 형태의 순서도로 표현하라. (f(n)=f(n−1)+f(n−2), f(0)=f(1)=1)

2.9 배열을 C 언어 프로그램으로 변환하기

순서도에서 배열의 기본적인 특성은 이미 살펴보았기 때문에 이곳에서는 C 언어에서 배열을 사용하는 방법을 배워보도록 하자. C 언어에서 배열은 다음과 같은 형태로 선언할 수 있다.

형태: 배열 선언

```
자료형   변수 [ 크기 ];
```

다음은 정수형 배열 k를 선언하는 방법을 보여준다.

예: 정수형 배열 선언

```
int k[10];
```

배열은 선언할 때 { 과 } 사이에 값을 지정함으로써 값을 초기화 할 수 있다. 즉, 다음 예는 k라는 배열을 생성하면서, { 1, 2, 3 } 이라는 값을 배열의 값으로 초기화한 것이다.

예: 배열 초기화

```
int k[3] = {1, 2, 3};
```

위의 배열 초기화는 다음과 같이 방법으로 하나씩 값을 할당하는 방법으로 변경할 수도 있다.

예: 배열의 값 할당

```
int k[3];
k[0] = 1;
k[1] = 2;
k[2] = 3;
```

순서도 2-10은 배열을 C 언어 프로그램으로 변환하고, 이를 사용하는 방법을 보여준다.

순서도 2-10	C 언어 프로그램(array_x.c)

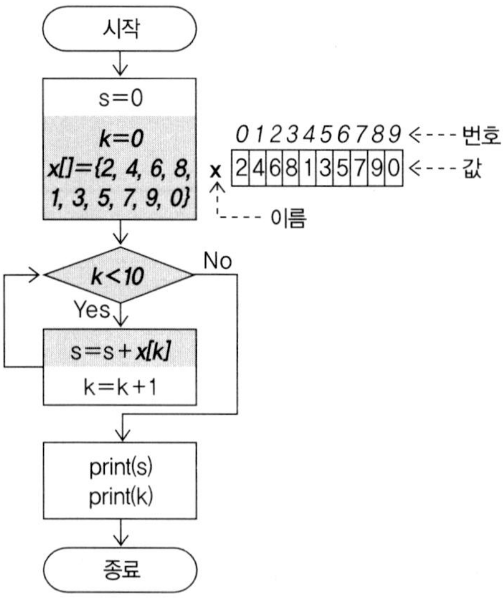


```
#include <stdio.h>
main( ) {
   int s = 0;
   int k = 0;
   int x[10] = {2, 4, 6, 8, 1, 3, 5, 7, 9, 0};


   while( k < 10) {

      s = s + x[k];
      k = k + 1
   }

   printf("%d\n", s);
   printf("%d\n", k);
}
```

C 언어에서는 []를 여러 개 사용함으로써 다차원 배열 선언할 수 있다. 다음 예는 2행 3열 형태의 배열을 선언하고, 값을 저장하는 방법을 보여준다.

예: 2차원 배열 선언과 값 할당

```
int t[2][3] ;
t[0][0] = 1;
t[0][1] = 2;
t[0][2] = 3;
t[1][0] = 4;
t[1][1] = 5;
t[1][2] = 6;
```

2차원 배열도 { }를 이용해서 초기화할 수 있다. 다음 예는 앞에서 작성한 배열과 동일한 형태로 배열을 생성해서 초기화하는 것을 보여 준다.

예: 초기화

```
int t[2][3] = { {1, 2, 3}, {4, 5, 6} };
```

초기화에서 배열 t는 2행이기 때문에 { }안에 작은 { }가 2개 포함된다. 또한 3열이기 때문에 내부에 있는 { } 안에는 3개의 초기값이 존재한다.

2차원 배열은 다음 그림과 같은 형태로 표현될 수 있다. 즉 2개의 행과 3개의 열로 이루어진 행렬 형태로 표현될 수 있다.

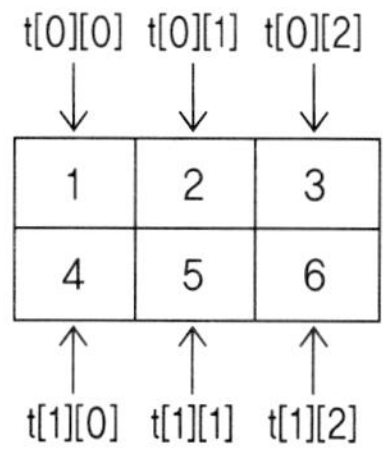

그림 2-2. 배열 t의 형태

순서도 2-11은 2차원 배열 s의 값을 출력하는 순서도를 C 언어 프로그램으로 변환하는 방법을 보여준다.

순서도 2-11	C 언어 프로그램(array_2d.c)

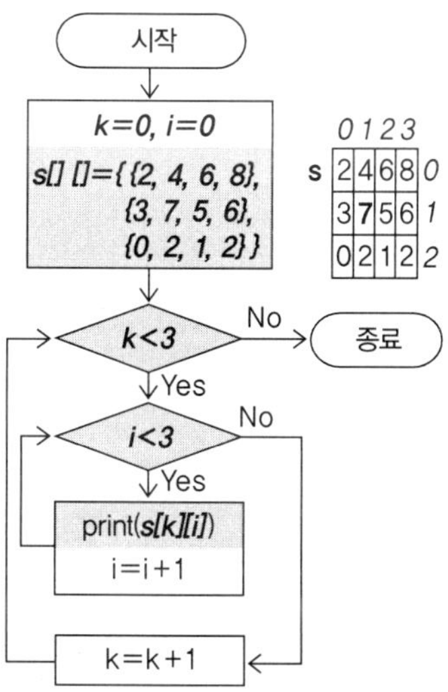


```c
#include <stdio.h>
main( ) {
   int k = 0;
   int i = 0;
   int s[3][4] = {{2,4,6,8},
                  {3,7,5,6},
                  {0,2,1,2}};
   while( k < 3) {
      i = 0;
      while(i < 4) {
         printf("%d", s[k][i]);
         i = i+1;
      }
      printf("\n");
      k = k + 1;
   }
}
```

참고 배열과 구조체에 대한 보다 구체적인 내용은 책의 5장과 6장에서 다룰 것이다.

제3장

C 언어 프로그램 실행

학습목표

이 장은 GNU C 컴파일러를 설치하고, 실제로 C 프로그램을 작성해서 실행해 보는 것을 목표로 한다. 구체적으로 다음과 같은 내용을 학습할 것이다.

1. GNU C 컴파일러를 설치하는 방법
2. 에러 수정하는 방법
3. C 프로그램 작성 실습

3.1 GNU C 컴파일러 설치하기

현재 사용할 수 있는 C 언어 컴파일러로는 MS의 비주얼 C++, GNU C, 터보 C, 애플 Xcode 등이 있다. 책에서는 유닉스, 리눅스, 윈도 등에서 사용할 수 있고, 가장 널리 사용되고 있는 컴파일러인 GNU C 컴파일러를 사용해서 설명한다. 윈도 환경에서 GNU C 컴파일러는 Cygwin (http://www.cygwin.com/)을 사용하는 경우와 MinGW(http://www.mingw.org/)를 사용하는 경우가 있는데, 책에서는 MinGW를 사용하도록 한다. Cygwin과 MinGW는 매우 유사하지만, MinGW는 윈도 기반 라이브러리를 사용하기 때문에 윈도 환경에서 프로그램을 작성할 때 호환성 문제가 덜 발생한다.

3.1.1 MinGW의 GNU C 컴파일러 설치하기

MinGW 사이트(http://www.mingw.org/)에서 윈도 설치 파일(예: mingw-get-inst-20101030.exe)을 다운로드받아서 실행시킨다. 설치 파일을 실행시키면, 다음 그림과 같은 설치 위저드 화면이 나타난다. MinGW를 설치하면, 하위에 많은 폴더와 파일들이 설치되기 때문에 별도의 MinGW 폴더에 설치하는 것이 좋다. 설치 위저드에서는

C:\MinGW를 기본 설치 폴더로 추천한다.

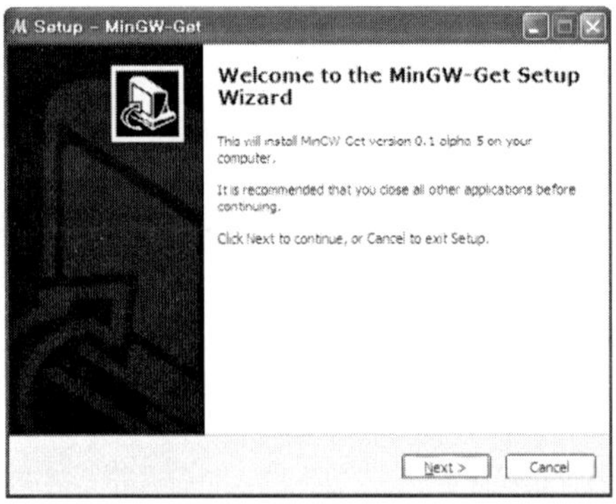

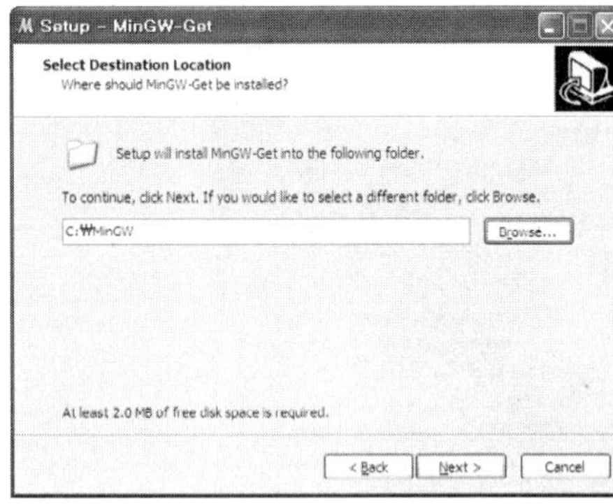

MinGW는 기본적으로 C 컴파일러는 설치하고, 별도의 컴파일러와 시스템 파일을 설치할 것인지 물어본다. C++ 컴파일러와 MSYS Basic System, MinGW Developer Toolkit, MSYS System Builder를 선택해서 같이 설치하도록 하자.

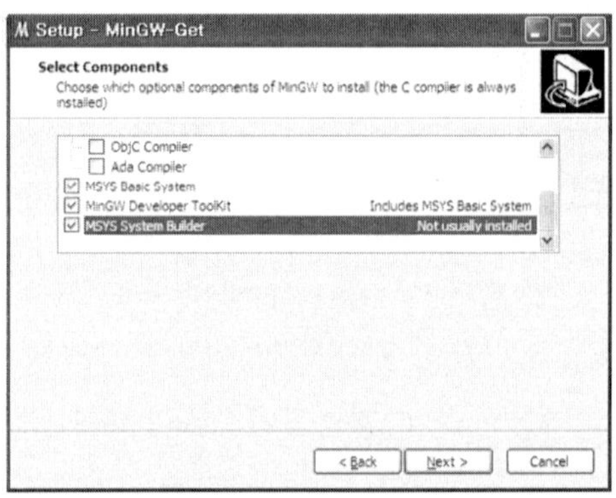

설치가 시작되면, 다음과 같은 명령어 창이 나타나면서, 설치되는 내용들을 보여준다.

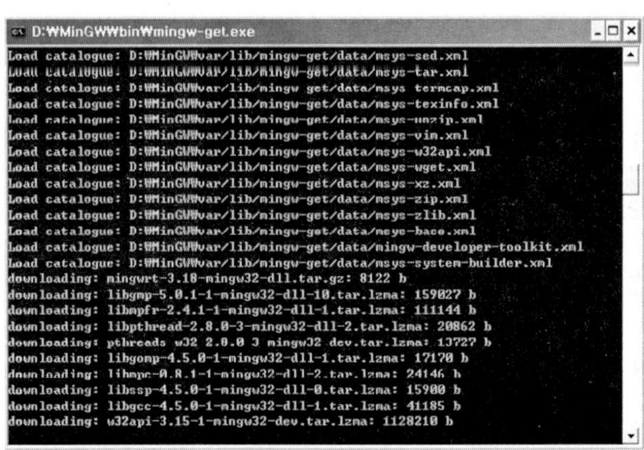

MinGW가 설치되면, 시스템의 PATH 환경 변수에 위치가 올바르게 되어 있는지 확인해야 한다. 제어판 -> 시스템 -> 고급 -> 환경 변수에서 PATH 환경 변수의 값에 MinGW의 bin 폴더가 등록되어 있어야 한다.

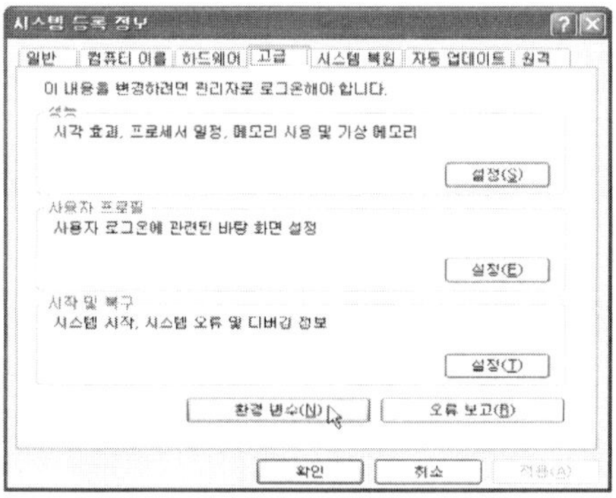

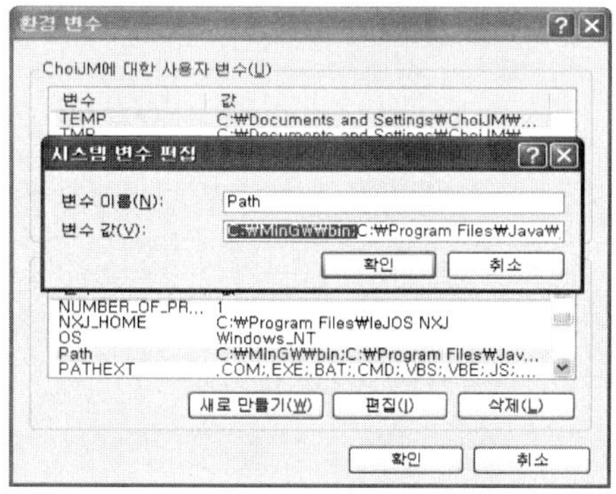

3.1.2 Dev-C++ 편집기

C 프로그램을 효과적으로 작성하기 위해서는 편리한 편집기가 필요하다. 책에서는 널리 사용할 수 있는 Dev-C++ 편집기와 Eclipse 기반의 CDT 편집기 설치 및 사용법을 간단히 소개하도록 한다. Dev-C++는 오픈 소스로 개발된 C와 C++를 위한 통합 개발 환경으로 http://www.bloodshed.net/ 사이트에서 다운로드받을 수 있다. 가장 최근 버전인 devcpp-4.9.9.2_setup.exe 파일을 다운로드받아서 실행하면, 다음과 같은 사용자 동의 화면이 나타난다. "동의함" 버튼을 눌러서 다음 단계로 넘어가도록 한다.

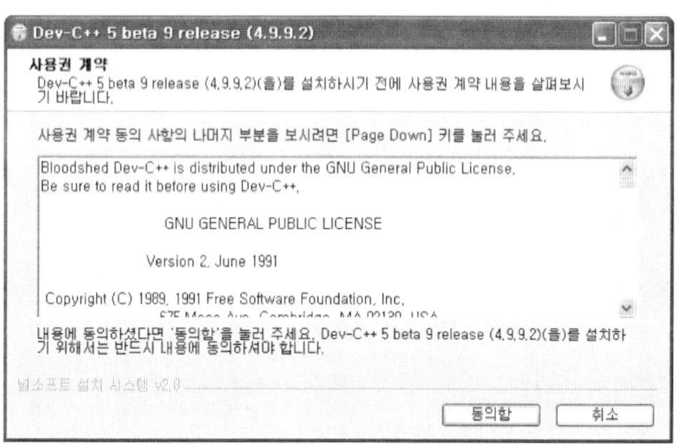

Dev-C++에서 설치할 내용을 결정하는 단계에서 Mingw compiler 부분은 제거하도록 하자. MinGW는 이미 설치했기 때문이다.

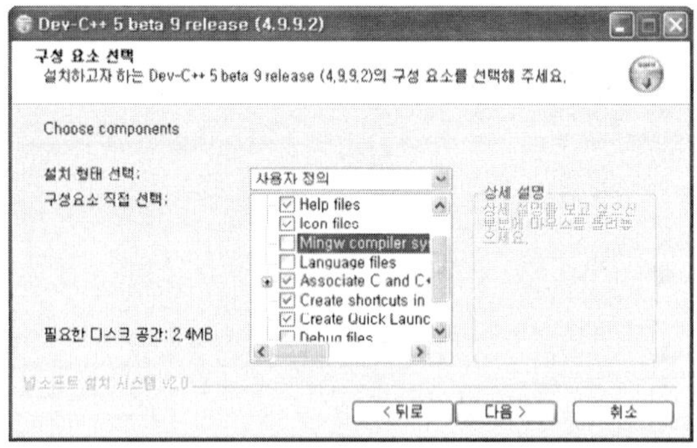

Dev-C++를 설치할 폴더를 지정한다. 기본적으로는 C:\Dev-Cpp를 사용한다.

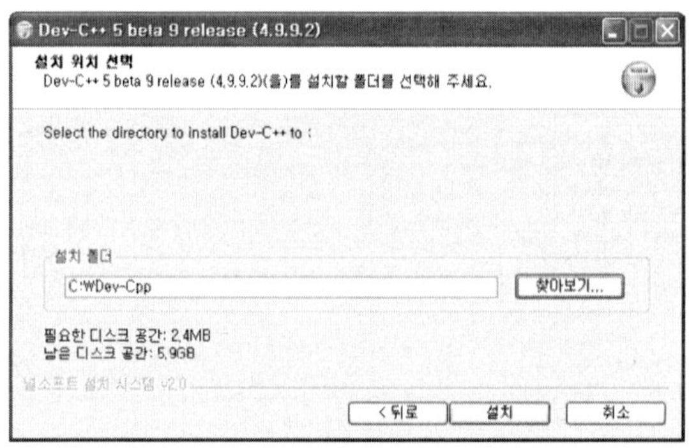

Dev-C++가 올바르게 설치되고, 실행된 경우에 다음 그림과 같은 형태의 화면이 나타난다. 이 편집기를 이용해서 C 프로그램을 작성하고, 실행시킬 수 있다.

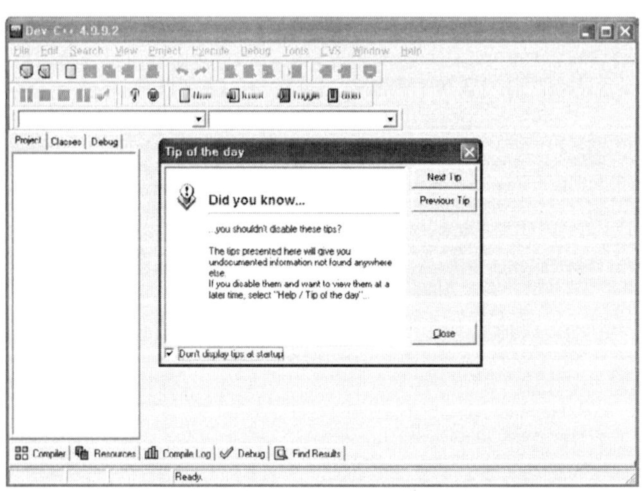

Dev-C++에서 컴파일러를 지정하기 위해서 메뉴판에서 Tools -〉 Compiler Options를 선택한다. 컴파일러 옵션 창에서 Directories 탭을 선택하고, 하단에서 폴더 추가 아이콘을 선택한다.

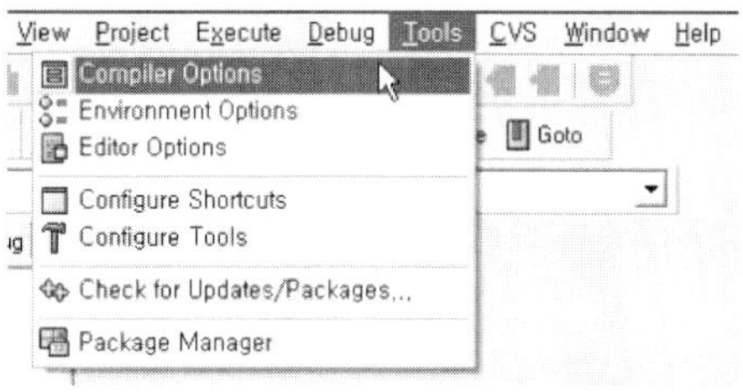

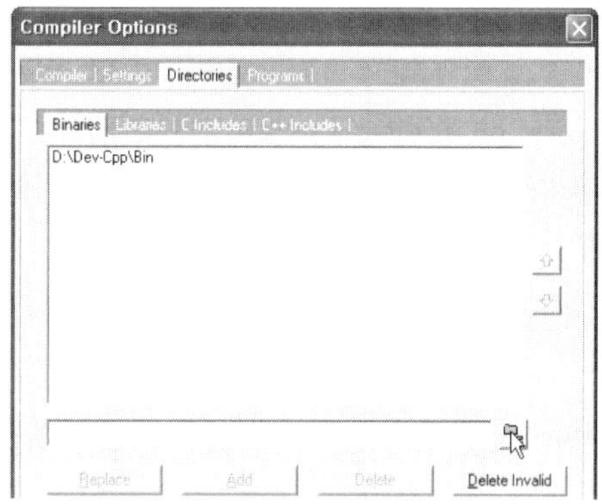

폴더 찾아보기 창이 나타나면, MinGW의 bin 폴더를 선택하고, 확인 버튼을 클릭한다. 다시 컴파일러 옵션 창에서 MinGW\bin를 선택하고, 우측에 있는 상향 화살표를 선택해서, MinGW\bin이 가장 상단으로 이동하도록 한다.

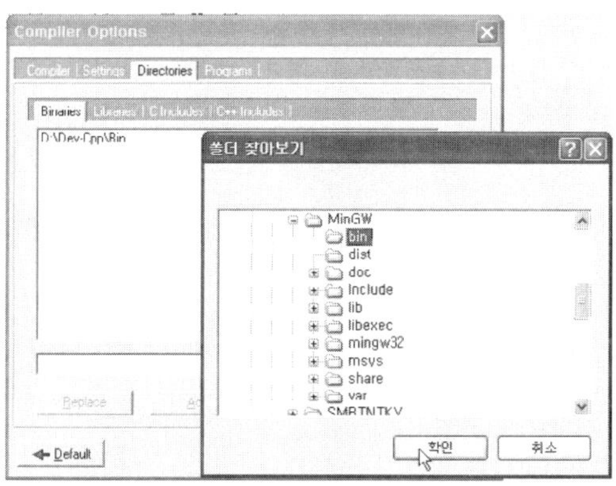

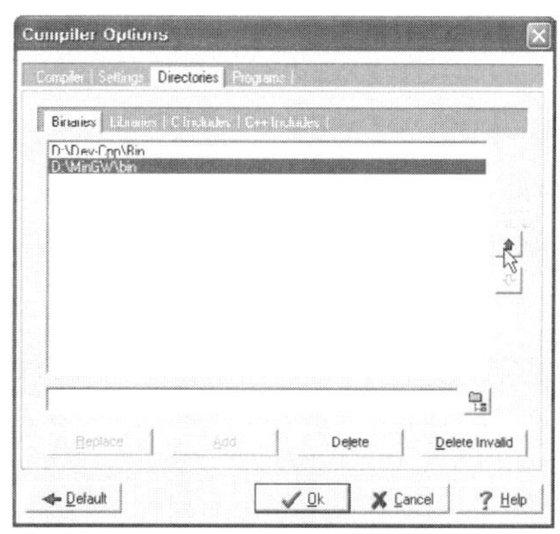

다음에는 Programs 탭으로 이동해서 〈MinGW〉\bin 폴더의 프로그램들을 선택해서 이 파일들을 사용할 수 있도록 한다. 다음 그림을 확인하고, 각 명령어들이 〈MinGW〉\bin 폴더에 있는 것을 사용할 수 있도록 지정한다.

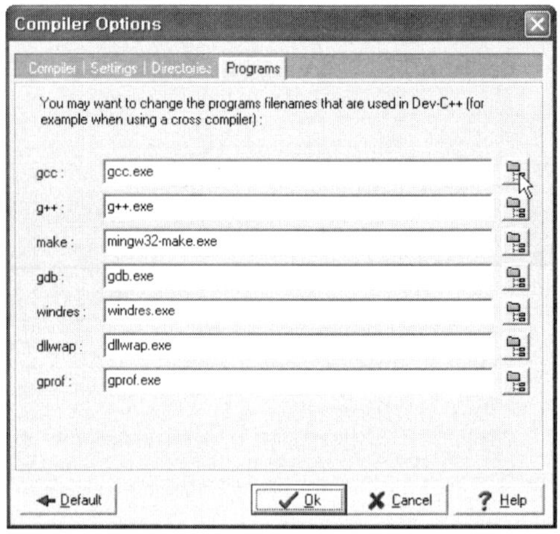

Dev-C++에서 C 프로그램을 작성하기 위해서는 File -> New -> Source File을 선택한다. Source File을 선택하면, 프로그램을 작성할 수 있는 편집기가 중앙에 나타난다.

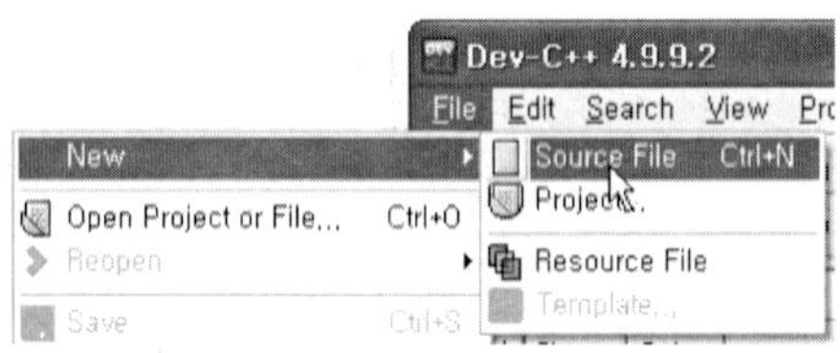

C 언어 편집기에 2장에서 배운 hello.c 프로그램 내용을 작성한다. 프로그램 작성이 완료되면, C:\cpro 폴더에 hello.c 파일로 저장한다. 프로그램 작성이 완료되면, Execute -> Compile 메뉴를 선택해서 프로그램을 컴파일한다. 프로그램이 에러 없이 컴파일되는 경우에 C:\cpro 폴더에 hello.exe 파일이 생성된 것을 확인할 수 있다.

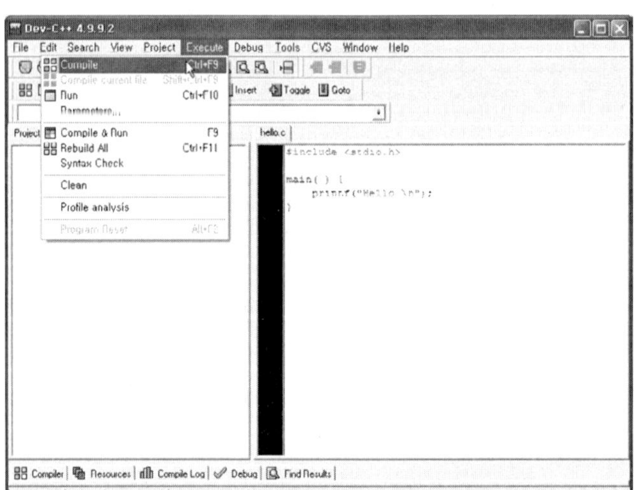

명령어 창(시작 -> 실행 -> cmd)을 실행시키고, C:\cpro 폴더로 이동해서 hello.exe 파일을 실행시킨다.

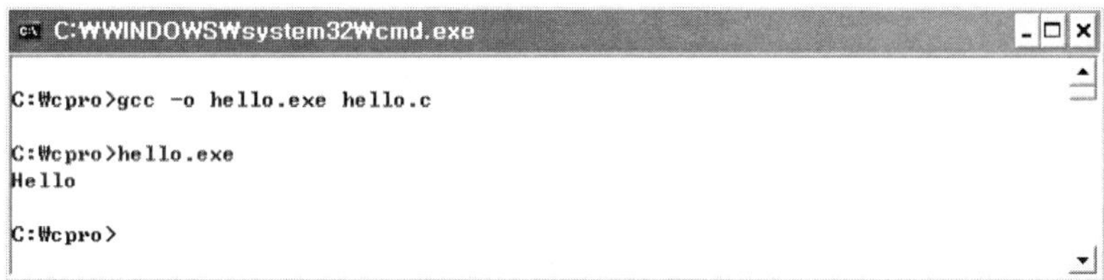

3.1.3 Eclipse CDT 편집기

이클립스는 자바 개발자들이 많이 사용하는 개발 환경이고, C와 C++ 언어를 위한 CDT 플러그인을 지원한다. 따라서 이클립스를 사용하기 위해서는 자바를 위한 JDK를 설치해야 한다. JDK는 http://java.sun.com/javase/ 사이트에서 무료로 다운로드 받을 수 있다.

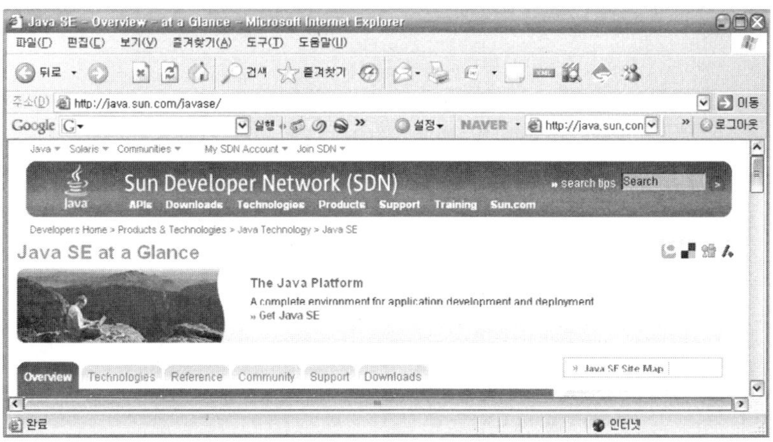

JDK의 최신 버전인 jdk-6u20-windows-i586.exe 파일을 클릭해서 JDK를 설치하면, C:\Program Files\Java 폴더 아래에 JDK와 JRE가 설치된다. JDK는 자바 프로그램을 개발 및 실행하기 위해서 필요한 명령어와 라이브러리들이 포함되어 있고, JRE(Java Runtime Environment)에는 자바를 실행시키기 위해서 필요한 명령어와 라이브러리들이 포함되어 있다.

JDK를 설치하였으면, 이클립스 CDT를 http://www.eclipse.org/cdt/ 사이트에서 다운로드받는다. 책에서는 Hellios 버전의 CDT(eclipse-cpp-helios-win32.zip)를 사용한다. eclipse-cpp-helios-win32.zip 파일의 압축을 풀고, eclipse.exe 파일을 실행

시킨다.

Workspace를 지정하는 부분에서 C 프로그램을 저장하는 폴더(D:\cpro)를 기술한다.

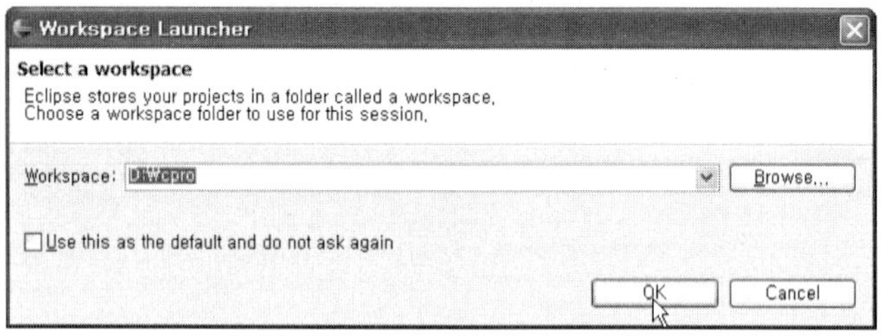

C 프로그램을 작성하기 위해서는 우선 프로젝트를 만들어야 한다. 프로젝트를 만들기 위해서는 이클립스에서 File -> New -> C Project를 선택하고, 프로젝트 이름으로 ch3이라고 지정한다.

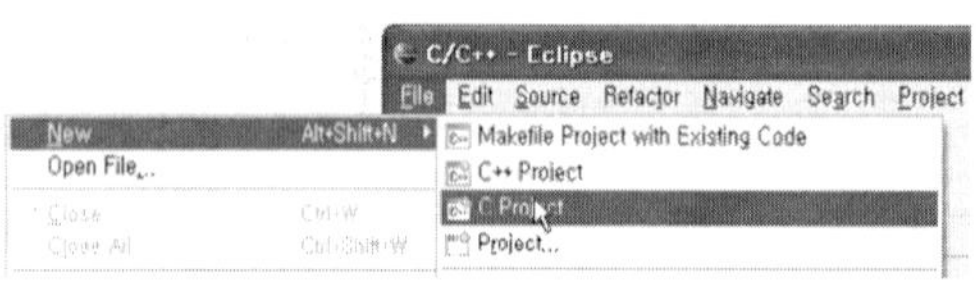

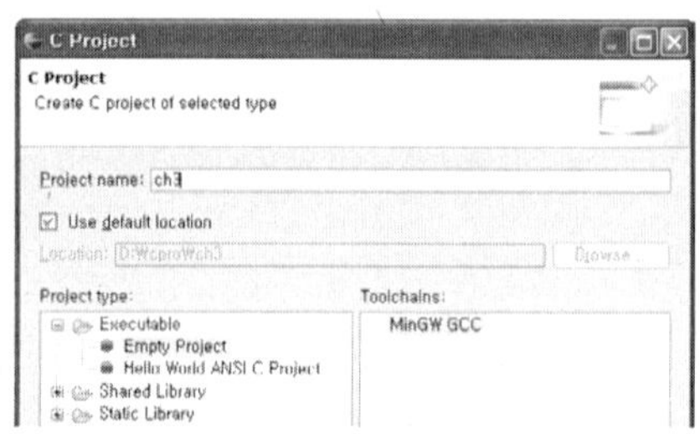

프로젝트를 만들면, 이클립스 좌측에 프로젝트 이름(ch3)이 나타난다. 프로젝트 이름을 클릭하고, 마우스 오른쪽 버튼을 클릭해서 New -> Source File을 선택한다. 소스 파일의 이름을 hello.c라고 지정한다.

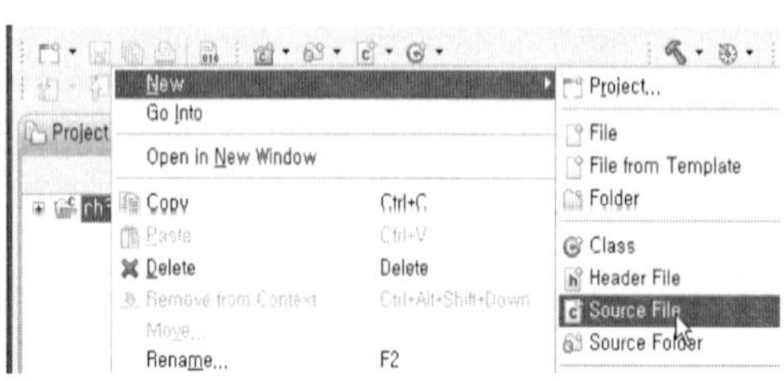

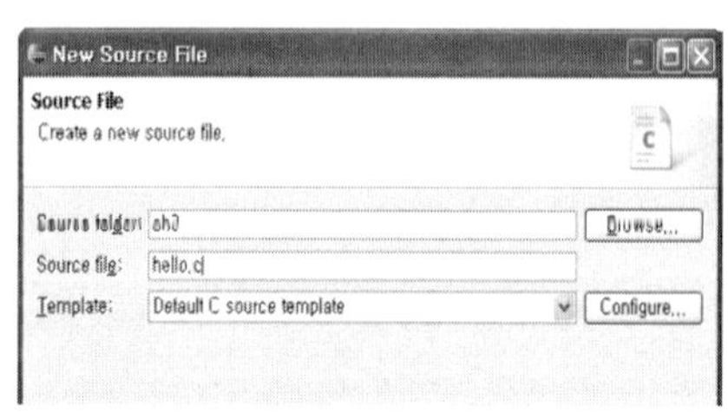

2장에서 작성한 순서도 2-1에 해당하는 C 프로그램을 작성하고, Project -> Build All을 선택해서 프로그램을 컴파일한다. 에러 없이 컴파일이 성공하면, Run -> Run As -> Local C/C++ Application을 선택해서 프로그램을 실행시킨다.

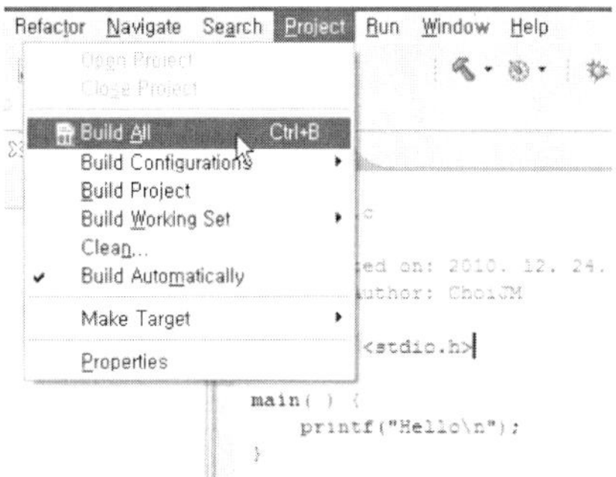

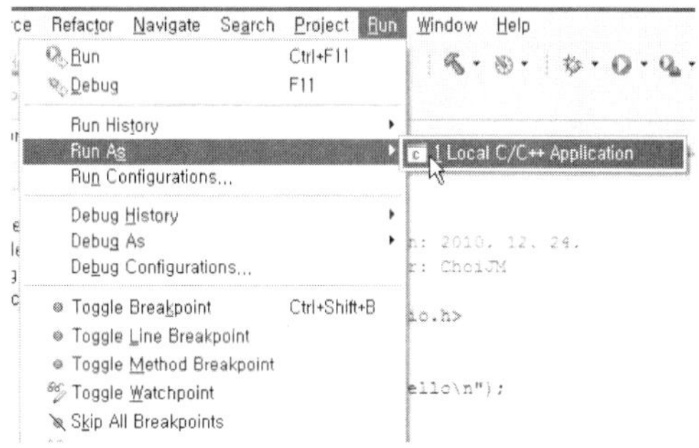

실행한 프로그램의 결과는 하단에 있는 Console 부분에 출력된다.

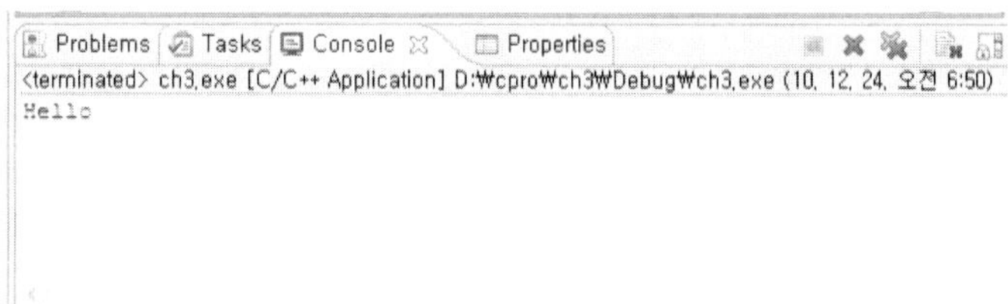

3.2 에러 수정하기

작성한 C 프로그램이 한 번에 성공적으로 컴파일되는 경우도 있지만, 대부분 이런 저런 에러가 발생하게 된다. 따라서 컴파일이 올바르게 되지 않은 경우에는 에러 메시지를 확인하고, 이를 수정해야 한다. 이클립스를 사용하는 경우에 에러가 발생하면, 프로그램 작성 편집기에는 붉은색의 X 마크가 표시된다.

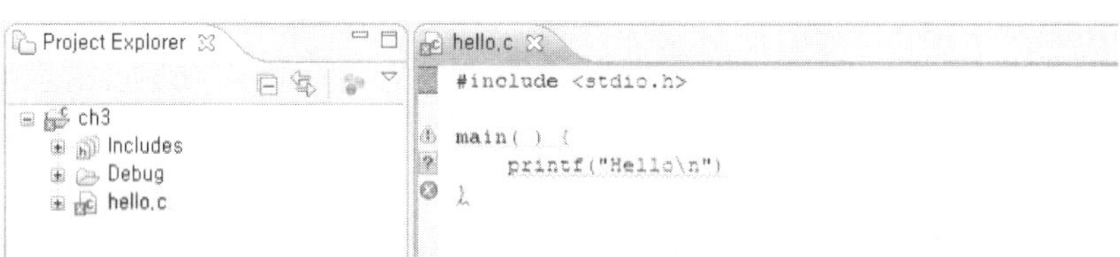

또한 하단의 Problems 탭에는 에러에 대한 정보를 표시한다. 에러 부분을 더블 클릭하면, 편집기에서 에러에 해당되는 부분으로 커서가 이동한다.

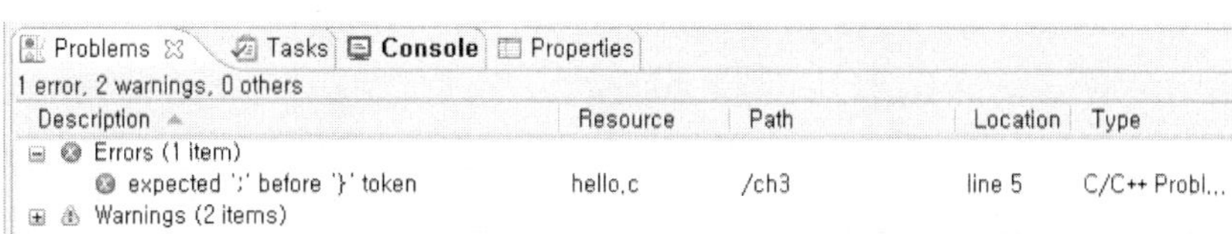

초보자들이 많이 범하는 에러와 이를 해결하는 방법들로는 다음과 같은 것들이 있다.

1. 문장에서 세미콜론이 빠진 경우
- 에러 메시지: expected ';' before '}' token
- 해결 방법: 세미콜론을 해당 위치의 문장 끝에 추가한다.

2. 키워드 철자가 틀린 경우
- 에러 메시지: expected ';' before '{' token
- 해결 방법: 키워드에 오타가 있는 경우에도 세미콜론이 빠진 것과 유사한 에러 메시지가 출력된다. 이러한 경우에는 오타가 있는지 확인해야 한다.

3. 변수 철자가 틀린 경우
- 에러 메시지: 'value' undeclared (first use in this function)
- 해결 방법: 'value'라는 변수가 선언되지 않고, 사용되었음. 변수를 선언하거나 변수 철자가 올바른지 확인한다.

4. 함수 이름 철자가 틀린 경우
- 에러 메시지: undefined reference to 'print'
- 해결 방법: 'print'라는 함수가 정의되어 있지 않다는 의미. 따라서 함수 이름의 철자가 맞는지 확인하고, 오타가 있는 경우에 수정한다.

5. 중괄호 ({ }) 쌍이 맞지 않아서 발생하는 경우
- 에러 메시지: expected declaration or statement at end of input
- 해결 방법: 들여쓰기를 해서 중괄호 쌍이 잘 맞는지 쉽게 확인할 수 있도록 한다.

참고

참고: 들여쓰기(indentation)

C 프로그램은 어느 중괄호({) 다음에는 줄의 처음에 4칸 정도의 빈칸 혹은 탭(tab) 키를 이용해서 들여쓰기를 하는 것이 좋다. 들여쓰기는 프로그램을 읽기 쉽게 해주고, 중괄호가 맞지 않아서 발생하는 에러를 쉽게 찾을 수 있게 한다.

3.3 C 프로그램 작성과 실행

3.3.1 2장 순서도 프로그램 실행

2장에서 작성한 C 프로그램(순서도 2-1~2-10)을 컴퓨터에서 작성하고, 실제로 결과가 예상한대로 나왔는지 확인하라. 프로그램을 컴파일하고, 실행할 때 에러가 있는 경우에는 에러를 해결할 수 있도록 하라.

참고

이클립스 CDT 사용

이클립스를 사용하는 경우에 매번 프로그램을 작성할 때 새로운 C 프로젝트를 생성하고, C 프로그램을 작성해야 한다.

3.3.2 2장 순서도 문제 프로그램 작성 및 실행

2장에서 작성한 순서도 문제(문제1~문제18)를 컴퓨터에서 작성하고, 실제로 결과가 예상한대로 나왔는지 확인하라. 프로그램을 컴파일하고, 실행할 때 에러가 있는 경우에는 에러를 해결할 수 있도록 하라.

3.4 step-wise 프로그래밍 방법

프로그램을 논리적으로 한 번에 작성하는 것은 전문적인 프로그래머에게도 힘든 일이다. 하물며 초보 프로그래머들은 프로그램을 막상 작성하려고 할 때 어디에서부터 시작해야 할지 갈피를 잡지 못하는 경향이 있다. 저자는 이러한 초보 프로그래머들에게 **step-wise 프로그래밍 방법**을 사용해 보도록 권하고 싶다. 이 방법은 대부분의 전문 프로그래머들도 많이 사용하는 방법이다. step-wise 프로그래밍은 구조적 프로그래밍의 일종으로 하향식(top-down) 접근법을 보여준다. 프로그래밍에서 하향식 접근법은 프로그래밍의 문제를 전체에서 세부적인 사항으로 점진적으로 해결해 나가는 방법이다. 구구단을 출력하는 프로그램을 예로 들어보자. 이 문제를 전체에서부터 생각하는 것이다. 따라서 1단계에서는 전체 프로그램 구조를 생각하고 프로그램을 작성한다. 첫 번째 단계에서는 다음과 같은 프로그램을 작성한다. 이 프로그램을 작성하고, 컴파일해서 프로그램에 오류가 없다는 것을 확인한다.

예: gugu.c - 1단계

```
1 #include <stdio.h>
2
3 main( ) {
4    printf("구구단 \n");
5 }
```

1단계 예제 프로그램을 컴파일하면 아무런 내용도 나타나지 않는다. 저자는 초보 프로그래머들에게는 항상 어떤 내용을 출력하도록 권하고 싶다. 대부분의 프로그래머들은 프로그램이 실행될 때 어떤 메시지가 나타나는 경우에 프로그램이 올바르다는 것을 확신하게 되고, 문제를 더욱 쉽게 해결하는 경향이 있다.

1단계의 프로그램을 컴파일하고, 올바른 메시지가 출력되는 경우에 두 번째 단계로 넘어간다. 두 번째 단계에서는 4번째 줄의 구구단을 출력하는 부분을 좀 더 상세하게 기술한다. 즉, 다음과 같이 구구단의 9개단을 위해서 while 문을 기술한다.

예: gugu.c - 2단계

```
1 #include <stdio.h>
2
3 main( ) {
4    int i = 2;
5    while (i < 10) {
6       printf("%d 단 \n", i);
7       i = i + 1;
8    }
9 }
```

두 번째 단계에서 작성한 프로그램을 컴파일하고, 실행시켜 본다. 에러가 없다면 3단계로 넘어간다. 세 번째 단계에서는 6번째 줄을 좀 더 상세하게 기술한다. 구구단의 각 단은 다시 1~9까지 계산을 수행하기 때문에 while 문을 하나 더 사용해야 한다. while 문을 하나 더 사용해야 하기 때문에 i 변수와는 다른 변수도 필요하게 된다. 대부분 j라는 변수를 사용하게 되는데, 저자는 j 대신에 jk 혹은 k 변수를 사용하도록 권한다. j 변수는 얼핏 보면 i와 혼동되기 때문에 나중에 프로그램을 읽을 때 혼동이 될 수 있다. 세 번째 단계에서는 다음과 같이 프로그램을 작성할 수 있다.

예: gugu.c - 3단계

```
#include <stdio.h>

main( ) {
    int i = 2, k;
    while (i < 10) {
        k = 1;
        while (k < 10) {
            printf("%d x %d = %d \n", i, k, i * k);
            k = k + 1;
        }
        i = i + 1;
    }
}
```

프로그램을 작성해야 할 때 무엇부터 해야 할지 모르는 초보자들은 step-wise 방법에 따라 우선 가장 간단한 내용이라도 프로그램을 작성하고, 점진적으로 내용을 보강해 나가는 형태로 프로그램을 작성하는 것이 좋겠다.

3.5 응용 프로그램 작성

3.5.1 성적 처리하기

지금까지 배운 제어 구조를 이용해서 성적을 처리하는 프로그램을 작성해 보도록 하자. 이 프로그램에 대한 요구사항은 다음과 같고, 이 요구사항에 맞게 프로그램을 작성하여야 한다.

[요구사항 3-1]

성적 처리 프로그램은 5명이 있는 학급에서 학생들의 성적을 입력하면, 학생들의 평균 점수가 계산되고, 학생들의 점수 분포가 출력되어야 한다. 점수 분포는 A 학점은 몇 명, B 학점은 몇 명 형태로 출력하려고 한다.

이처럼 프로그램에 대한 요구사항이 주어졌을 때 프로그램을 바로 작성하는 것은 프로그래밍 언어를 배우는 단계에서는 어려울 수 있다. 우선 이 프로그램을 작성하기 위해서 필요한 기술들이 어떤 것인지 파악해 보도록 하자. 요구사항을 꼼꼼히 읽어보면, 다음과 같은 요구사항과 이를 해결할 수 있는 기술들을 활용할 수 있다는 것을 알 수 있다. 즉, 성적 처리 프로그램에서 필요로 하는 기술들은 지금까지 배운 내용들이기 때문에 문제를 차근차근히 생각해 보면, 해결할 수 있다는 의미이다.

1. 키보드에서 성적 읽기 : scanf()를 이용해서 정수를 읽는 방법.
2. 5명의 성적을 반복적으로 처리 : while 혹은 for 문을 사용
3. 학생들의 점수 분포 파악하기 : if 문을 이용해서 점수에 따라 학점을 파악(A, B, ..)
4. 평균 계산하기 : 학생들 총 점수를 5로 나눔. 소수점 나올 수 있음.

3.4절에서 배운 프로그래밍 방법을 바탕으로 첫 번째 버전의 프로그램을 작성해 보도록 하자. 첫 번째 버전에서는 위의 요구사항들 중에서 1번과 2번 문제를 해결하도록 작성해 보자. 키보드에서 성적(정수)을 읽기 위해서는 scanf()를 사용해야 하고, 이것을 사용하는 것을 이미 배운 적이 있기 때문에 이것을 활용할 수 있다. 둘째로 반복문을 사용해야 하는데, while 혹은 for 문을 사용할 수 있다. 여기서는 for 문을 사용하도록 해보자. 따라서 for(int i=0; i 〈 5; i++) 형태로 사용할 수 있을 것이다. 이러한 조건들을 만족시키려면, 다음과 같은 프로그램을 작성할 수 있을 것이다.

예제: score.c

```
#include <stdio.h>

main() {
   int k, score;
   printf("5명의 성적을 입력해주세요\n");

   for(k=0; k < 5; k++) {
      scanf("%d", &score);
      printf("%d\n", score);
   }
}
```

결과

```
C:\> score.exe
5명의 성적을 입력해주세요.
70 80 98 78 56
70
80
98
78
56
```

두 번째 버전은 요구사항들 중에서 3번과 4번을 해결해 보도록 하자. 3번에서 점수 분포를 파악해야 하는데, 학생들의 점수는 키보드에서 읽은 후에 if 문을 이용해서 파악할 수 있다. 우선 if 문을 이용해서 90점이 넘는 학생과 그렇지 않은 학생들의 숫자를 파악해 보자. 이러한 방법을 사용하면 A와 그렇지 않은 학생들의 점수 분포를 알 수 있다. 4번 요구사항은 평균 점수를 구하는 것인데, 평균은 소수점이 나오기 때문에 실수형인 double형을 사용해야 한다. 평균을 구하기 위해서는 학생들의 성적을 모두 더하고, 이것을 학생 수(5)로 나누어야 한다(이때 주의할 것은 평균이 실수이기 때문에 학생 수 5를 5.0으로 기술한다.). 두 번째 버전의 성적 처리 프로그램은 다음과 같다.

예제: score.c – 버전 2

```
#include <stdio.h>

main() {
   int k, score, sum ;
   int A, Not_A;
   double avg;

   sum = A = Not_A = 0;
   printf("5명의 성적을 입력해주세요\n");

   for(k=0; k < 5; k++) {
      scanf("%d", &score);
      if(score >= 90) {
         A = A + 1;
      } else {
         Not_A = Not_A + 1;
      }
      sum = sum + score;
   }
   avg = sum / 5.0;
   printf("평균 = %.1f\n", avg);
   printf("A = %d, Not A = %d \n", A, Not_A);
}
```

결과

```
C:\> score.exe
5명의 성적을 입력해주세요.
```

```
70 80 98 78 56
평균 = 76.4
A = 1, Not A = 4
```

두 번째 버전까지 완성되면, 대부분의 기능은 완성된 것이다. 이제는 두 번째 버전의 프로그램을 좀 더 완성미를 갖추도록 수정해야 한다. if 문을 좀 더 정교하게 만들어서 만약 98점 학생이 있다면, A 학점 받은 학생의 수를 하나 증가시키고, 87점 학생이 있으면 B 학점 학생의 수를 하나 증가시킨다. 또한 프로그램에서 불필요한 부분들은 제거하고, 기능의 완성도를 높이고, 입출력이 좀 더 편리하면서 세련되게 수정한다. 완성된 성적 처리 프로그램은 다음과 같다.

예제: score.c

```c
#include <stdio.h>

main() {
   int k, score, sum ;
   int A, B, C, D, F;
   double avg;

   sum = A = B = C = D = F = 0;
   printf("5명의 성적을 입력해주세요\n");

    for(k=0; k < 5; k++) {
       scanf("%d", &score);
       if(score >= 90) {
          A = A + 1;
       } else if(score >= 80) {
          B = B + 1;
       } else if(score >= 70) {
          C = C + 1;
       } else if(score >= 60) {
          D = D + 1;
       } else {
          F = F + 1;
       }
       sum = sum + score;
    }
    avg = sum / 5.0;
```

```
    printf("평균 = %.1f\n", avg);
    printf("A 학점 = %d 명 \n", A);
    printf("B 학점 = %d 명 \n", B);
    printf("C 학점 = %d 명 \n", C);
    printf("D 학점 = %d 명 \n", D);
    printf("F 학점 = %d 명 \n", F);
}
```

결과

```
C:\> score.exe
5명의 성적을 입력해주세요.
67 89 77 99 90
평균 = 84.4
A 학점 = 2 명
B 학점 = 1 명
C 학점 = 1 명
D 학점 = 1 명
F 학점 = 0 명
```

3.5.2 숫자 맞히기

이 절에서 작성해볼 프로그램은 숫자 맞추기 프로그램이다. 이 프로그램에 대한 요구사항은 다음과 같다.

[요구사항 3-2]

프로그램은 0~99까지의 임의의 숫자를 기억하고 있고, 사용자가 이 숫자를 맞춰야 한다. 사용자가 키보드에 0~99 사이의 숫자를 입력하면, 프로그램은 숫자가 "크다, 작다, 정답이다"를 알려주고, 사용자는 최소의 횟수를 이용해서 정답을 맞혀야 한다.

다음의 guess.c 프로그램을 숫자 맞추기 프로그램이다. 11~22번 줄 사이의 코드가 생략되었다. ① 생략된 부분을 채워서 프로그램이 돌아가도록 하라. 또한 ② 숫자를 최소한 사용해서 맞추려면 어떻게 해야 하는지 생각해 보고 다른 친구와 토론해 보라.

예제: guess.c

```
1 #include <stdio.h>
2 #include <stdlib.h>
3
4 main() {
5    int  value, guess, count = 0;
6    value = rand() % 100;
7    printf("0-99 사이의 숫자를 맞춰보세요.\n");
8    while(1){
9
10
11
12
13
14
15
16
17
18
19    }
20    printf("%d번만에 맞췄습니다.\n", count);
21 }
```

설명

6 value = rand() % 100;

rand()은 임의의 숫자를 만들어 주는 함수이다. 임의의 숫자를 나머지 연산자 (%)를 통해서 계산을 수행하면, 결과로 0~99 사이의 숫자가 만들어진다.

8~19 정답을 맞힐 때까지 무한히 반복한다.
11~18 if 문을 이용해서 입력한 값보다 큰지, 작은지, 맞췄는지 알아본다.
17 정답인 경우에 break를 이용해서 반복문을 빠져 나간다.

결과

```
C:\> guess.exe
0-99 사이의 숫자를 맞춰보세요.
50
좀 더 큰 값을 선택하십시오.
75
좀 더 작은 값을 선택하십시오.
70
정답입니다.
3번 만에 맞췄습니다.
```

제4장

C 언어 구체적인 내용

학습목표

이 장은 C 언어에서 2~3장에서 다루지 않은 내용들에 대해서 배우는 부분이다. 구체적으로는 다음과 같은 내용을 배운다.

1. C 언어의 자료형과 연산자
2. C 언어 제어문
3. C 언어 전처리기

4.1 자료형과 기본 입출력

4.1.1 자료형

2장에서 간단하게 정수형, 실수형, 문자형에 대해서 배웠는데, 이곳에서는 보다 구체적으로 C 언어의 자료형들에 대해서 배워보도록 하자. C 언어의 자료형은 크게 기본형과 유도형으로 분류할 수 있다. 우리가 일반적으로 말하는 자료형은 기본형을 의미한다. 다음은 C 언어 자료형들을 분류해서 보여주는데, [ ]로 묶여진 부분은 수식어(modifier)로서 생략할 수 있다는 의미이고, | 는 여러 개 중에서 하나를 선택할 수 있다는 의미이다. 자료형 분류에서 굵은 글씨로 써진 부분(예: char)이 실질적인 자료형 이름이고, 중간에 있는 내용(예:integral type)은 분류를 위해서 붙여진 이름이다.

```
+- 기본형(basic type) +- 정수형(integral type) +- [ signed | unsigned ] char
|                     |                        |
|                     |                        +- [ signed | unsigned ] [ long | short ] int
|                     |
|                     +- 실수형(floating type) +- float
|                                              |
|                                              +- [ long ] double
|
+- 유도형(derived type) +- 배열
                        |- 함수
                        |- 포인터
                        |- 구조체
                        +- 공용체
```

정수형과 실수형에는 몇 가지 수식어(modifier)들을 붙일 수 있다. char에는 signed와 unsigned 중에서 하나를 붙일 수 있다. signed 수식어는 char 자료형의 값으로 음수 값이 사용될 수 있다는 의미이고, unsigned는 양수만 사용할 수 있다는 의미이다. int에는 signed와 unsigned를 붙일 수 있을 뿐만 아니라, long과 short 수식어도 붙일 수 있다. long은 데이터를 더 길게 저장할 수 있다는 의미이고, short는 적게 저장할 수 있다는 의미이다. 수식어에서 밑줄 친 부분은 기본적으로 사용된다는 의미이다.

다음 예는 수식어와 같이 사용되는 자료형을 선언하는 방법을 보여준다.

예: 수식어와 같이 사용된 자료형

```
unsigned char c;            /* 변수 c는 양수만 갖는 문자형 */
unsigned long int money;   /* 변수 money는 양수만 갖는 긴 정수형 */
```

C 언어에서 수식어와 같이 사용되는 몇 개의 자료형들은 수식어를 이용해서 보다 간단하게 표현하기도 한다. 예를 들어, short int는 간단히 short로 기술할 수 있다. 다음 표는 자료형을 단순하게 표현하는 예를 보여준다.

자료형	단순한 표현
short int	short
unsigned int	unsigned
long int	long

자료형의 크기는 사용하는 컴파일러 혹은 컴퓨터에 따라 다를 수 있다. C 언어에서 자료형의 크기는 sizeof라는 연산자를 이용해서 알아볼 수 있다. 일반적인 C 컴파일

러에서 각 자료형의 크기와 값의 범위는 다음 표와 같다.

자료형	크기(단위: 바이트)	값의 범위
char	1	$-2^7 \sim 2^7-1$
unsigned char	1	$0 \sim 2^8-1$
short int	2	$-2^{15} \sim 2^{15}-1$
unsigned short int	2	$0 \sim 2^{16}-1$
int	4	$-2^{31} \sim 2^{31}-1$
unsigned int	4	$0 \sim 2^{32}-1$
long int	4	$-2^{31} \sim 2^{31}-1$
long long	8	$-2^{63} \sim 2^{63}-1$
float	4	3.4E-38~3.4E+38
double	8	1.7E-308~1.7E+308

4.1.2 상수

C 언어에서 변수의 값을 변경할 수 없는 경우가 있는데, 이것을 상수(constant)라고 한다. 변수가 상수임을 기술하기 위해서는 const 키워드를 사용한다. 즉, const 키워드를 자료형과 같이 기술한다.

예: 상수 선언

```
const int a = 8;       /* a의 값은 8이고, 값을 변경할 수 없음 */
int * cont  ip = &x;   /* ip는 상수 포인터, ip는 x만 가리킬 수 있음 */
const int * ip2;       /* ip2는 정수 상수를 가리키는 포인터 */
```

4.1.3 새로운 자료형 정의

앞에서 자료형의 분류에 대해서 배웠는데, C 언어는 기본형 이외에 사용자가 새로운 자료형을 정의하고, 사용할 수 있는 방법을 제공한다. C 언어는 새로운 자료형 이름을 정의하기 위해서 typedef를 사용한다. typedef는 다음과 같은 형태로 사용할 수 있다.

예: typedef를 이용해서 bigint 자료형 정의

```
typedef long int  bigint; /* bigint는 long int */
bigint            a;      /* bigint 형으로 변수 선언 가능 */
```

4.1.4 printf()와 scanf()

printf()에서 사용되는 포맷지시자는 변수의 자료형에 따라서 혹은 출력하고자 하는 형태에 따라서 다른 것을 사용할 수 있다. printf()에서 자주 사용되는 포맷지시자는 다음과 같은 것들이 존재한다.

포맷지시자	의미
%d	십진수
%o	8진수
%x	16진수
%u	부호 없는 십진수
%c	문자
%f	실수형 십진수
%s	문자열
%p	주소 값
%%	%

포맷지시자는 일반적으로 단독으로 사용되지만, 어떤 경우에는 접두어와 같이 사용되기도 한다. 다음 표는 포맷지시자에서 사용되는 접두어들이다.

포맷지시자 접두어	의미
l	long형
–	왼쪽 정렬
number	최소 자리수 지정
.number	소수점 이하 자리수

printf가 자료형에 따라 값을 출력하는 것이라면, scanf는 자료형별로 값을 읽을 수 있는 기능을 제공한다. scanf에서 포맷지시자는 printf의 포맷지시자와 상당히 유사하다. 다음 표는 scanf에서 사용되는 포맷지시자들을 보여준다.

자료형	제어 문자	의미
정수형	%d	10진수 정수
	%i	정수(8진수, 10진수, 16진수)
	%o	8진수 정수
	%u	부호 없는 10진수 정수
	%x	16진수 정수
문자형	%c	문자
실수형	%e	실수
	%f	실수
	%g	실수
문자열	%s	문자열 (공백문자 제외)
포인터	%p	포인터
기타	%n	문자의 개수
	%[...]	해당 문자열

4.2 연산자

4.2.1 비트 논리 연산자

우리가 사용하는 모든 데이터들은 컴퓨터에서는 0과 1이라는 비트들로 표현되고, 계산을 수행한다. 예를 들어, 5라는 정수 혹은 문자 'A'의 값도 컴퓨터에서는 0과 1로 표현된다. 그러나 지금까지 배운 산술 연산자 혹은 다른 연산자는 비트로 표현된 값을 이용해서 계산을 수행하는 것들이었다. 이에 반해서 비트 연산자는 피연산자를 값이 아닌 비트의 연속으로 보고 연산을 수행한다. 즉 비트 연산자는 특정 비트의 값이 0인지 혹은 1인지 알아보거나, 비트를 왼쪽 혹은 오른쪽으로 이동시킬 수 있다. 비트 연산자는 크게 시프트(shift) 연산자와 비트 논리 연산자로 구분할 수 있다.

분류: 비트 연산자 분류

비트 논리 연산자: & | ^ ~
시프트 연산자: >> <<

비트 논리곱(&), 비트 논리합(|), 비트 배타적 논리합(^), 비트 1의 보수(~) 연산자는 모두 정수형(char, int)에 적용된다.

예: 비트 논리 연산자

```
a & b  /* a와 b의 각 비트 위치에서 비트 값이 모두 1인 경우에 1을 리턴 */
a | b  /* a와 b의 각 비트 위치에서 한쪽의 비트 값이 1인 경우에 1을 리턴 */
a ^ b  /* a와 b의 각 비트 위치에서 값이 각 각 다를 때 1을 리턴 */
~a     /* 0과 1 서로 반대 값을 리턴 */
```

15 & 9 연산은 숫자 15와 9를 비트로 표현하고, 이것을 비트 연산자 &로 이용하면 그림 4-1과 같이 처리된다. 즉, 15 & 9 연산의 결과는 다시 9가 나온다. 15와 9는 int형이기 때문에 일반적으로 4바이트(32비트)로 표현된다.

예: 15 & 9　　　　　　// 1111 & 1001 = 1001

```
  | 0000 0000 0000 0000 0000 0000 0000 1111
& | 0000 0000 0000 0000 0000 0000 0000 1001
  -----------------------------------------
    0000 0000 0000 0000 0000 0000 0000 1001
```

그림 4-1. 15 & 9 연산

동일한 방법으로 15 | 9의 연산은 그림 4-2와 같이 처리되고, 결과는 15가 나온다.

예: 15 | 9　　　　　　// 1111 | 1001 = 1111

```
  | 0000 0000 0000 0000 0000 0000 0000 1111
| | 0000 0000 0000 0000 0000 0000 0000 1001
  -----------------------------------------
    0000 0000 0000 0000 0000 0000 0000 1111
```

그림 4-2. 15 | 9 연산

15 · 9의 연산은 그림 4-3과 같이 처리되고, 결과는 6이 나온다.

예: 15 ^ 9　　　　　　// 1111 ^ 1001 = 0110

```
  | 0000 0000 0000 0000 0000 0000 0000 1111
^ | 0000 0000 0000 0000 0000 0000 0000 1001
  -----------------------------------------
    0000 0000 0000 0000 0000 0000 0000 0110
```

그림 4-3. 15 ^ 9 연산

4.2.2 비트 시프트 연산자 (〉〉, 〈〈)

비트 시프트 연산자는 비트의 자리수를 왼쪽이나 오른쪽으로 이동시키는 연산자이다. 비트 시프트 연산자는 다음 예와 같이 사용한다.

예: 비트 시프트 연산자

```
a << b      /* a를 b비트 왼쪽으로 이동, 맨 오른쪽은 0으로 채워진다. */
a >> b      /* a를 b비트 오른쪽으로 이동, 맨 왼쪽은 부호(sign)값으로 채워진다. */
```

〉〉 비트 연산자는 원하는 비트만큼 오른쪽으로 이동(시프트, shift)하는 연산자다. 따라서 10 〉〉 2라고 하면 10을 오른쪽으로 2비트 이동하라는 뜻이다. 〉〉 연산을 하는 경우에는 부호 확장(sign extension)이 발생한다. $10_{(10)}=00000000000000000000000000001010_{(2)}$이고 오른쪽으로 2비트 이동하는 경우에 왼쪽 2비트는 부호 값인 0이 채워진다. 이에 반해 $-10_{(10)}=11111111111111111111111111110110_{(2)}$이다. 이것을 오른쪽으로 2비트 이동하는 경우에 맨 왼쪽 2비트는 부호 값인 1이 채워진다. 부호 확장이 이해되지 않는 경우에는 뒤에 있는 참고(정수의 음수 표기법) 부분을 살펴보기 바란다. 〈〈 비트 연산자는 비트 값을 왼쪽으로 이동하고, 맨 오른쪽 비트는 항상 0으로 채워준다.

〉〉 비트 시프트 연산자는 정수 나누기와 같은 효과가 있고, 〈〈는 곱셈과 같은 효과가 있다. 예를 들어, 100 〉〉 3은 정수 100을 23으로 나눈 효과가 있고, 100 〈〈 3은 100에 23을 곱한 것과 같은 효과가 있다. 다음 예제는 비트 시프트 연산을 수행하는 방법을 보여준다. 비트 연산이 수행된 결과에 주목하기 바란다.

예제: bit.c

```
1 #include <stdio.h>
2
3 main() {
4    int i = 1;
5    int j = 16;
6
7    printf("%d << 2 = %d \n", i, i << 2);
8    printf("%d >> 2 = %d \n", j, j >> 2);
9 }
```

설명

```
7    printf("%d << 2 = %d \n", i, i << 2);
```

정수 1의 값을 왼쪽으로 2비트 이동시킨 값을 출력한다.

```
8    printf("%d >> 2 = %d \n", j, j >> 2);
```

정수 16의 값을 오른쪽으로 2비트 이동시킨 값을 출력한다.

결과

```
C:\> bit.exe
1 << 2 = 4
16 >> 2 = 4
```

다음의 binary.c 예제는 십진수를 비트 연산자를 이용해서 이진수로 출력하는 프로그램이다. 시프트 연산자와 비트 논리 연산자의 사용법을 자세히 살펴보기 바란다.

예제: binary.c

```
1 #include <stdio.h>
2
3 main() {
4    int a = 123;
5    int b = 0x80000000;  /* 10000000 00000000 00000000 00000000(2) */
6    int len = 4;         /* int 자료형의 길이는 4 바이트로 가정 */
7    int i;
8
9    len = len * 8;       /* 비트 길이로 변환 */
10   printf("%d =", a);
11   for(i=0; i < len; i++) {
12      if(a&b)
13         printf("1");
14      else
15         printf("0");
16      a = a << 1;       /* a <<= 1; */
17   }
18   printf("\n");
19 }
```

설명

```
5    int b = 0x80000000;  /* 10000000 00000000 00000000 00000000(2) */
```

숫자 a와 비트 AND(&)를 시켜서 가장 상위 비트를 알아보기 위해서 10...0을 매스크로 사용한다.

```
9    len = len * 8;       /* 비트 길이로 변환 */
```

정수의 길이를 비트 크기로 변환한다.

```
12      if(a&b)
```

```
            printf("1");
```

비트 AND(&) 연산을 취해서 0이 아니면, 가장 상위 비트가 1이라는 의미이다.

```
        else
            printf("0");
```

비트 AND(&) 연산 결과가 0이면, 가장 상위 비트는 0이라는 의미이다.

```
        a = a << 1;         /* a <<= 1; */
```

왼쪽으로 한 비트 이동시켜서 다음 비트의 값을 알아보도록 한다.

결과

```
C:\> binary.exe
123 = 00000000000000000000000001111011
```

참고

정수의 음수 표기법

정수의 음수를 표기하는 방법은 컴퓨터마다 약간씩 다를 수 있다. 보통 음수를 사용하기 위해서는 다음에 나와 있는 세 가지 방법 중에 한 가지 방법을 사용하는데 현재는 2의 보수법을 많이 사용한다. 다음은 32비트 컴퓨터에서 1과 -1을 표기하는 방법을 예로 들었다. 1을 표기하는 방법을 동일하지만 -1을 표기하는 방법은 다음 세 가지 방법으로 컴퓨터마다 약간씩 다르게 표기될 수 있다.

```
1 = 0000 0000 0000 0000 0000 0000 0000 0001
-1 = ?

부호 비트를 두는 법(양수:0, 음수:1)
-1 = 1000 0000 0000 0000 0000 0000 0000 0001

1의 보수법 ( 0 -> 1, 1 -> 0)
-1 = 1111 1111 1111 1111 1111 1111 1111 1110

2의 보수법 ( 1의 보수법 + 1)
-1 = 1111 1111 1111 1111 1111 1111 1111 1111
```

음의 정수를 표현하는 방법은 컴퓨터에 따라 약간씩 다르지만, 표현에서 공통점이 존재한다. 즉, 양수는 가장 왼쪽이 항상 0이고, 음수인 경우에는 항상 1이다. 따라서 〉〉 연산을 수행하는 경우에 양수인 경우에는 0을 왼쪽에 채우고, 음수인 경우에는 1을 채운다.

4.2.3 조건 연산자

조건 연산자는 다음과 같은 형태를 지닌 연산자로서 "조건"이 참인 경우에는 "식1"이 수행되고, 거짓인 경우에는 "식2"가 수행된다.

형태: 조건 연산자

```
식 ? 식1 : 식2
```

다음 예는 a와 b 중에서 큰 값을 max 변수에 할당하는 것을 조건 연산자를 이용해서 표현한 것이다. 만약 a가 크다면 a값을 max에 할당하고, 그렇지 않다면 b 값을 max에 할당한다.

예: 조건 연산자

```
max = a > b ? a : b;
```

4.2.4 콤마 연산자

콤마 연산자는 한 줄에서 여러 개의 연산을 수행해야 할 때 사용될 수 있다. 콤마로 연결된 내용들은 앞에서부터 순차적으로 수행된다.

형태: 콤마 연산자

```
,
```

다음 예제는 콤마 연산자를 사용하는 방법을 보여준다. 콤마 연산자를 사용하는 경우에는 프로그램을 이해하기 어려워지기 때문에 가급적 사용하지 않는 것이 바람직하다.

예제: comma.c 파일

```
#include <stdio.h>

main() {
  int a, b, c, d;

  b = (a = 5, a+1), c = b / 2, d = c % 2;
  printf("b = %d \t c = %d \t d = %d\n", b,c,d);
}
```

설명

```
6    b = (a = 5, a+1), c = b / 2, d = c % 2;
```

6번 문장을 여러 줄에 걸쳐서 작성하는 경우에 다음과 같이 변경할 수 있다.

```
a = 5;
b = a + 1;
c = b / 2;
d = c % 2;
```

결과

```
C:\> comma.exe
b = 6   c = 3   d = 1
```

4.2.5 sizeof 연산자

앞에서도 이미 언급했듯이 C 언어의 자료형은 사용하는 운영체제와 컴파일러에 따라 크기가 달라질 수 있다. 그렇기 때문에 동일한 프로그램이라도 사용하는 운영체제와 컴파일러에 따라 결과 값이 달라질 수 있는 것이다. 이러한 문제점을 일부 보완하기 위해서 C 언어에서는 자료형의 크기를 알아볼 수 있는 sizeof라는 연산자를 제공한다. sizeof 연산자는 주어진 자료형의 크기를 알아볼 때 사용된다. sizeof 연산자는 다음과 같은 형태로 사용한다.

형태: sizeof 연산자

```
sizeof(자료형 혹은 수식)
```

다음 예는 int 형의 크기가 얼마인지 알아보기 위해 sizeof 연산자를 사용하는 방법을 보여준다. 예에서 len은 정수형으로 미리 선언된 변수라고 가정한다.

예: int 형 크기 알아보기

```
len = sizeof(int);
```

다음은 C 언어에서 사용되는 자료형들의 크기를 알아보는 프로그램이다. 만약 여러 플랫폼과 컴파일러를 이용해서 다음 예제를 실행시키면 간혹 자료형의 크기가 다르게 나오는 경우가 있을 것이다.

예제: data_size.c

```
1  #include <stdio.h>
2
3  main() {
4     float f = 3.0f;
5
6     printf("sizeof(char)         = %d\n", sizeof(char));
7     printf("sizeof(short int)    = %d\n", sizeof(short int));
8     printf("sizeof(short)        = %d\n", sizeof(short));
9     printf("sizeof(int)          = %d\n", sizeof(int));
10    printf("sizeof(long int)     = %d\n", sizeof(long int));
11    printf("sizeof(long)         = %d\n", sizeof(long));
12    printf("sizeof(long long)    = %d\n", sizeof(long long));
13    printf("sizeof(float)        = %d\n", sizeof(float));
14    printf("sizeof(double)       = %d\n", sizeof(double));
15    printf("sizeof(long double) = %d\n", sizeof(long double));
16
17    printf("\n");
18    printf("f = 3.0f, sizeof(f) = %d\n", sizeof(f));
19    printf("sizeof(2 + 3.0f)     = %d\n", sizeof(2 + 3.0f));
20    printf("sizeof(2 + 3.0)      = %d\n", sizeof(2 + 3.0));
21 }
```

설명

```
6     printf("sizeof(char)         = %d\n", sizeof(char));
```

char 자료형의 크기를 알아본다.

```
18    printf("f = 3.0f, sizeof(f) = %d\n", sizeof(f));
```

변수의 크기를 알아본다.

```
19    printf("sizeof(2 + 3.0f)     = %d\n", sizeof(2 + 3.0f));
```

계산식의 크기를 알아본다. int와 float의 계산이기 때문에 2가 2.0f로 변환되서 float 연산으로 처리된다. 따라서 float의 크기인 4가 나온다.

```
20    printf("sizeof(2 + 3.0)      = %d\n", sizeof(2 + 3.0));
```

int와 double의 계산이기 때문에 2가 2.0으로 변환돼서 double 연산으로 처리된다. 따라서 double의 크기인 8이 나온다.

결과

```
C:\> data_size.exe
sizeof(char)         = 1
```

```
sizeof(short int)        = 2
sizeof(short)            = 2
sizeof(int)              = 4
sizeof(long int)         = 4
sizeof(long)             = 4
sizeof(long long)        = 8
sizeof(float)            = 4
sizeof(double)           = 8
sizeof(long double)      = 12

f = 3.0f, sizeof(f)      = 4
sizeof(2 + 3.0f)         = 4
sizeof(2 + 3.0)          = 8
```

4.2.6 주소 연산자(&)

컴퓨터에서 사용되는 메모리는 주소를 가지고 있으며, 주소를 이용해서 원하는 변수의 값을 알아볼 수 있다. C 언어에서는 변수의 주소를 알아보기 위해서 주소 연산자(&)를 사용한다.

형태: 주소 연산자

```
&
```

다음의 amp.c 예제는 여러 가지 형태의 변수에 대한 주소를 알아보는 프로그램이다.

예제: amp.c 파일

```
1 #include <stdio.h>
2
3 main() {
4    int a = 10;
5    char c = 'A';
6
7    printf("a = %d, \t c = %c \n", a, c);
8    printf("&a = %p, \t &c = %p \n", &a, &c);
9 }
```

설명

```
7    printf("a = %d, \t c = %c \n", a, c);
```

변수 a와 c의 값을 출력한다.

```
8    printf("&a = %p, \t &c = %p \n", &a, &c);
```

변수 a와 c의 주소 값을 출력한다. 주소 값을 출력하기 위해서는 printf에서 %p 포맷지시자를 사용한다.

결과

```
C:\> amp.exe
a = 10,        c = A
&a = 0022FF54,   &c = 0022FF53
```

4.2.7 간접 연산자(*)

앞에서 변수의 주소를 알아보았다. 그런데 어떤 변수는 값으로 다른 변수 주소를 가질 수 있다. 이렇게 다른 변수의 주소를 값으로 갖는 것을 포인터(pointer)라고 한다. 포인터에 관한 내용은 뒤에서 다룰 것이다. 간접 연산자(*)는 포인터가 가리키고 있는 변수의 값을 알아보기 위해서 사용되는 연산자이다.

형태: 간접 연산자

```
*
```

다음 예제는 포인터가 가리키고 있는 곳에 저장된 값을 출력하는 프로그램이다.

예제: aster.c 파일

```
 1 #include <stdio.h>
 2
 3 main() {
 4    int *ip;
 5    int  a = 100;
 6
 7    printf("a = %d, \t &a = %p \n", a, &a);
 8    ip = &a;
 9    printf("ip = %x, \t *ip = %d, \t &ip = %p \n", ip, *ip, &ip);
10 }
```

설명

```
4    int *ip;
```

ip는 정수값을 저장하는 메모리에 대한 주소 값을 저장하기 위한 변수이다.

```
5    int a = 100;
```
a는 100이라는 값을 저장한 변수이다.

```
7    printf("a = %d, \t &a = %p \n", a, &a);
```
변수 a와 a의 주소 값을 출력한다.

```
8    ip = &a;
```
변수 a의 주소 값을 ip 변수에 할당한다.

```
9    printf("ip = %x, \t *ip = %d, \t &ip = %p \n", ip, *ip, &ip);
```
변수 ip의 값, ip가 가리키는 곳의 값, ip의 주소 값을 출력한다.

결과

```
C:\> aster.exe
a = 100,        &a = 0022FF50
ip = 22ff50,    *ip = 100,      &ip = 0022FF54
```

4.2.8 연산자 우선순위

연산자들이 동시에 사용되면 먼저 계산되어야 하는 것이 있고, 나중에 계산되어야 할 것이 있다. 예를 들면 2+3*10은 계산을 하면 3*10이 먼저 계산되고 2+30은 나중에 계산된다. 이처럼 올바른 계산을 위해서는 계산의 우선순위가 있다. 다음 테이블은 C 언어에서 연산자의 우선순위를 보여준다. 우선순위 1이 가장 높은 우선순위이기 때문에 가장 먼저 계산된다. 같은 우선순위인 경우에는 결합 규칙에 따라 왼쪽에서 오른쪽으로 혹은 오른쪽에서 왼쪽으로 계산이 이루어진다.

우선순위	연산자	연산자 종류	결합규칙
1	() [] -〉 .	-	=〉
2	! ~ ++ — + - * & sizeof (type)	단항 연산자	〈=
3	* / %	산술 연산자	=〉
4	+ -	산술 연산자	=〉
5	〈〈 〉〉	시프트 연산자	=〉
6	〈 〈= 〉 〉=	관계 연산자	=〉
7	== !=	관계 연산자	=〉

우선순위	연산자	연산자 종류	결합규칙
8	&	비트 연산자	=>
9	^	비트 연산자	=>
10	|	비트 연산자	=>
11	&&	논리 연산자	=>
12	||	논리 연산자	=>
13	?:	조건 연산자	<=
14	= += -= /= *= %= |= ^= &= >>= <<=	할당 연산자	<=
15	,	콤마 연산자	=>

4.3 제어문

4.3.1 switch 문(조건문)

switch 문은 여러 개의 조건이 있고 각 조건에 따라 실행되어야 하는 코드가 다른 경우에 사용된다. switch 문은 조건에 맞는 case가 있는 경우에 해당 case를 수행하고, 그렇지 않은 경우에는 default 부분을 수행한다. 이때 case에서 break 문이 있으면 해당 case 문만 수행하지만, break가 없으면 다음 부분들도 계속 수행한다.

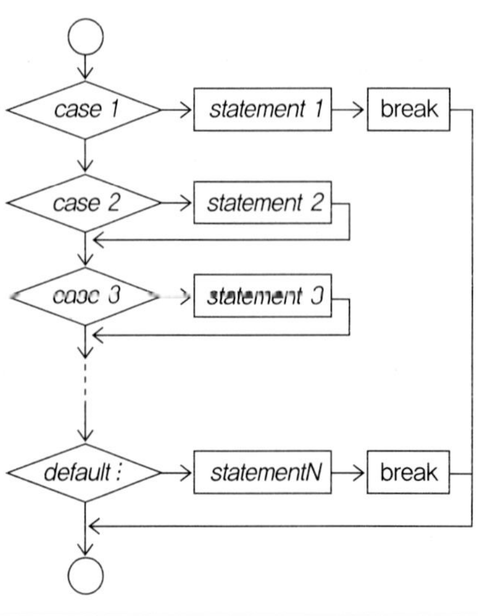


```
형태: switch 문
  switch ( expr ){
    case case1 :
       statement1
       break;
    case case2 :
       statement2
    case case3 :
       statement3
    case case4 :
    ...
    default :
       statementN
       break;
  }
```

4.3.2 break/continue 문

break 문은 반복문과 switch 문을 빠져나갈 때 사용된다. 즉, break 문은 break 문을 포함하는 가장 내부에 있는 for/while/do-while/switch 문을 빠져나간다.

형태: break 문

```
break;
```

continue 문은 반복문(while, do, for 문)에서 사용된다. 반복문에서 continue 문을 만다면 그 다음은 수행하지 않고, 반복문의 끝에 있는 닫는 중괄호 (})로 이동한다. 따라서 while의 경우에는 조건을 비교하고, for 문의 경우에는 증가부분을 실행한다.

형태: continue 문

```
continue;
```

break 문과 continue 문은 그림으로 표현하는 경우에 다음과 같이 표현할 수 있다.

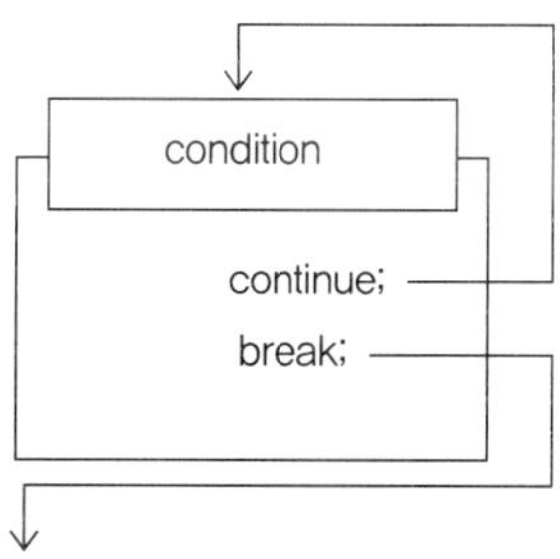

그림 4-4. while에서 break/continue

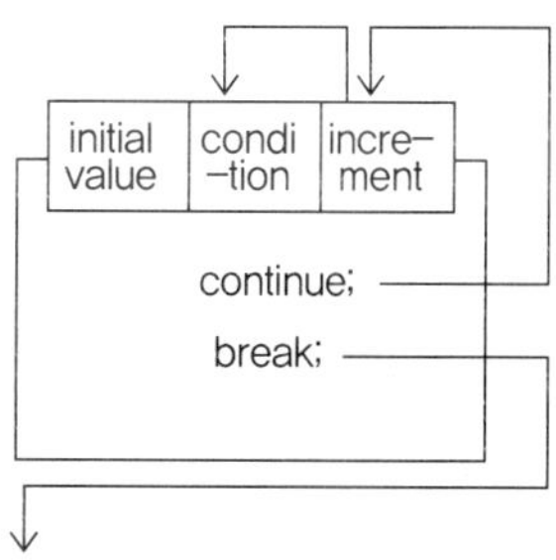

그림 4-5. for에서 break/continue

4.3.3 do-while 문

while 문은 조건부분이 앞에 있고, 조건이 만족되는 경우에 while 문 안의 문장들을 수행한다. 이에 반해서 do-while 문은 문장들을 수행한 다음에 조건을 나중에 체크한

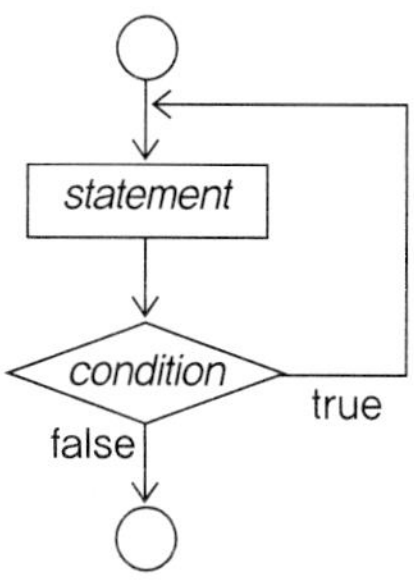

형태: do-while 문

```
do {
    statement
} while( condition );
```

다. 따라서 do-while 문은 최소 한번은 수행된 다음에 조건을 체크하는 특징을 가지고 있다. do-while 문은 다음과 같은 형태를 가지고 있다. do-while 문 마지막에 세미콜론(;)이 사용되는 것에 주의하라.

4.3.4 goto 문

goto 문은 제어를 무조건 지정된 라벨이 있는 곳으로 이동시키기 위해서 사용된다. goto 문은 다음과 같은 형태로 사용된다.

형태: goto 문

```
goto label ;
```

라벨은 goto 문에서 제어가 이동하는 곳의 위치를 지정하기 위해서 사용된다. 라벨은 다음과 같은 형태로 선언할 수 있는데, 라벨의 이름은 사용자가 지정할 수 있다.

형태: 라벨

```
label_name :
```

goto 문은 제어를 사용자가 원하는 곳으로 쉽게 이동시킬 수 있다는 장점을 가지고 있지만, goto 문장을 많이 사용한 프로그램은 이해하기 어렵기 때문에 가급적 사용하지 않는 것이 좋다.

```
goto end;
...
end:
printf("Everything is done.\n");
```

4.3.5 함수

순서도에서 작업을 분해하고, 이것을 별도의 함수로 만드는 방법은 2장에서 이미 배웠다. 이곳에서는 매개 변수 전달 등에 대한 추가적인 것을 조금 더 배워보도록 하자. 다음 예제는 calc()라는 함수를 정의하고, calc() 함수를 호출하는 방법을 보여주는 프로그램이다.

예제: func.c

```
1 #include <stdio.h>
2
3 int calc(int a, int b) {
4    int c;
5
6    a = (int)(a * 1.5);
7    c = a + b;
8    return c;
9 }
10
11 main() {
12    int a, b, c;
13
14    printf("숫자를 입력해주세요 =>");
15    scanf("%d", &a);
16    printf("숫자를 입력해주세요 =>");
17    scanf("%d", &b);
18
19    c = calc(a, b);
20    printf("calc(%d, %d) = %d\n", a, b, c);
21 }
```

설명

```
3 int calc(int a, int b) {
```

calc() 함수는 정수형 a와 b를 매개 변수로 받고, 정수형을 리턴한다.

```
8    return c;
```

calc() 함수는 계산한 결과 값 c를 리턴한다.

```
12    int a, b, c;
```

main()에는 변수 a, b, c가 선언되어 있다.

```
19    c = calc(a, b);
```

a와 b 변수의 값을 매개 변수로 전달하고, calc() 함수의 결과 값을 c 변수에 할당한다.

결과

```
C:\> func.exe
숫자를 입력해주세요 =>20
숫자를 입력해주세요 =>30
calc(20, 30) = 60
```

func.c 예제 프로그램에서 main() 함수의 변수 a, b의 값이 calc() 함수의 a, b 매개 변수로 값이 어떻게 전달되는지 알아보도록 하자. 우선 main() 함수에 있는 변수 a, b, c와 calc() 함수의 변수 a, b, c는 이름은 같지만 서로 별개의 변수들이다. 따라서 calc() 함수에서 a, b, c의 값을 변경하더라도, main() 함수 내에 있는 변수 a, b, c에는 영향을 미치지 않는다. 다음에 main()에서 calc() 함수를 호출할 때 a와 b의 값을 복사해서 calc() 함수의 매개 변수 a와 b에 전달한다. 즉, 그림 4-6에서 보는 바와 같이 값이 복사되기 때문에 이것을 **값 전달(call-by-value)**이라고 한다.

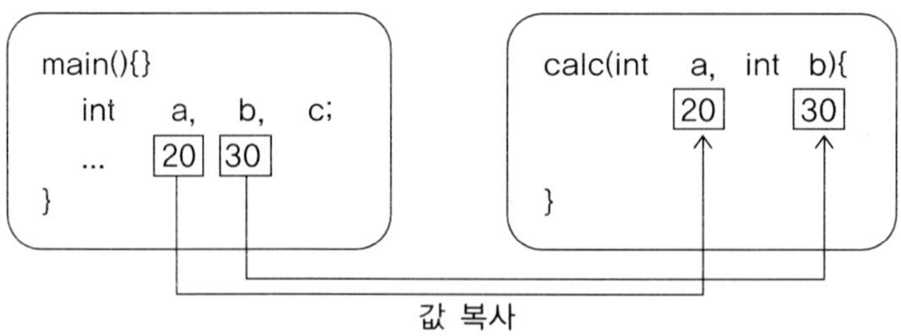

그림 4-6. 매개 변수값 전달

다음의 func2.c 예제는 매개 변수로 포인터를 사용하는 방법과 함수를 main() 뒤에 선언하는 방법을 보여준다. 함수를 main() 뒤에 정의하는 경우에는 main() 앞에 함수 형태를 미리 선언하는 방법을 사용한다. 즉, 함수 헤더를 ***리턴타입 함수이름(매개 변수타입);*** 형태로 기술한다.

예제: func2.c

```
#include <stdio.h>
void callA(int );
void callB(int *);

main() {
   int  a = 10;
   int * pa = &a;

   printf("a = %d\n", a);
   callA(a);
   printf("a = %d\n", a);
   callB(pa);
   printf("a = %d\n", a);
}

```

```
16 void callA(int aa) {
17     aa += 10;
18     printf("\taa = %d\n", aa);
19 }
20
21 void callB(int * paa) {
22     *paa += 10;
23     printf("\t*paa = %d\n", *paa);
24 }
```

설명

```
2 void callA(int );
```

함수 형태를 선언한다.

```
7     int * pa = &a;
```

pa 변수는 a 변수의 주소 값을 갖고 있다.

```
10    callA(a);
11    printf("a = %d\n", a);
```

callA() 함수를 호출하며, a 값을 매개 변수로 전달하고, 함수 호출 후 a 값의 변화가 있는지 확인한다. a 값을 전달하였기 때문에 a 값에 변화가 없다.

```
12    callB(pa);
13    printf("a = %d\n", a);
```

callB() 함수를 호출하며, pa 값을 매개 변수로 전달하고, 함수 호출 후 a 값의 변화가 있는지 확인한다. pa는 a 변수의 주소를 갖고 있기 때문에 callB() 함수에서 pa를 통해서 a 값을 변경하면, callB() 함수를 호출한 후에 a 값에 변화가 생긴다.

```
16 void callA(int aa) {
17     aa += 10;
```

매개 변수 aa로 값을 받고, 이것을 10 증가시킨다.

```
21 void callB(int * paa) {
22     *paa += 10;
```

매개 변수 paa로 받고, 주소가 가리키는 곳의 값을 10 증가시킨다.

결과

```
C:\> func2.exe
a = 10
    aa = 20
a = 10
    *paa = 20
a = 20
```

func.c 예제에서 main()과 calc() 함수에서 서로 변수 이름이 같더라도 calc() 함수에서 값을 변경시키면, 원래 main() 함수의 변수에는 영향을 미치지 않는다고 배웠다. 그런데 func2.c 예제를 실행시켜보면, callB() 함수를 호출하고 나면 main()의 변수 a 값이 변경되는 것을 확인할 수 있다. 이것은 어떻게 된 것일까? 그림 4-7을 보면서 알아보도록 하자. 앞에서 함수를 호출할 때 변수값이 전달되는 값 전달(call-by-value)을 배웠다. 그런데 만약 주소 값을 전달하는 경우에는 어떨까? 주소 값인 경우에도 그림 4-7에서 pa의 값(a의 주소 값)이 callB의 paa 변수로 값이 전달된다. 이제 paa는 00FF0 값을 갖고 있으며, 이것은 main() 함수의 변수 a의 주소이다. 따라서 callB() 함수에서 paa가 가리키는 곳의 값을 변경하면, 이것은 main() 함수의 a 값을 변경하는 것이기 때문에 callB() 함수를 호출한 후에 main() 함수의 a 값이 변경된 상태를 유지하는 것이다.

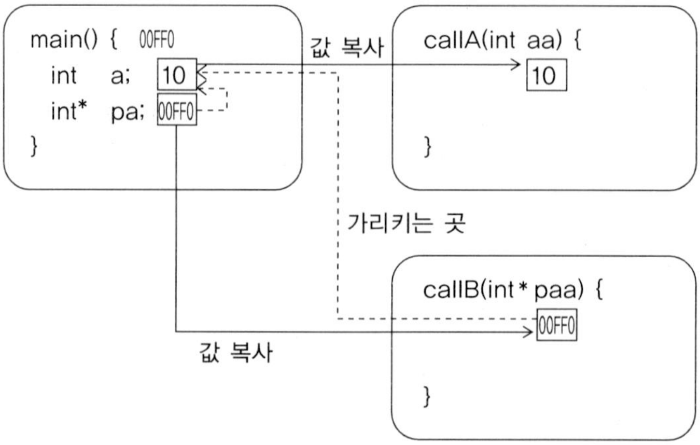

그림 4-7. func2의 매개 변수값 전달

4.5 변수의 스토리지 클래스

스토리지 클래스(storage class)는 변수를 사용할 수 있는 범위와 변수가 존재하는 시간을 결정한다. 이때 변수의 스코프(scope)는 변수가 프로그램 내에서 사용될 수 있는 범위를 의미하고, 변수의 라이프타임(lifetime)은 변수가 존재하는 시간(기간)을 의미한다. 스토리지 클래스는 변수 선언 시에 다음과 같은 형태로 사용한다.

형태: 변수 선언과 스토리지 클래스

스토리지클래스 자료형 변수명 ;

4.5.1 스토리지 클래스 종류

C 언어에서 스토리지 클래스는 4가지 종류(extern, static, auto, register)가 있으며, 다음과 같은 뜻을 가지고 있다.

스토리지 클래스	설명	사용 예
extern (전역 변수)	• 스코프: 프로그램 전체 • 라이프타임: 프로그램이 실행되는 모든 시간 • 특징: 함수 간의 데이타 공유가 가능하다. 함수 밖에서 선언된 변수들은 디폴트로 extern이다.	extern int a; int b;
auto (지역 변수)	• 스코프: 변수가 선언된 블록이나 함수 • 라이프타임: 변수가 선언된 함수나 블록이 실행되는 동안 • 특징: 내부 선언이 외부 선언보다 우선적이다.	int a; auto int b;
static (정적 변수)	• 스코프: 변수가 선언된 블록이나 함수 • 라이프타임: 프로그램이 실행되는 모든 시간 동안 • 특징: 프로그램 실행 전에 한 번만 초기화되고, 함수에서 여러 번 호출되어도 그 값은 유지된다.	static int a;
register (레지스터 변수)	• 스코프: auto와 동일 • 라이프타임: auto와 동일 • 특징: 프로그램의 실행 속도를 향상시킬 수 있다. 컴파일러에 따라 주소 값을 가질 수도 있고, 없을 수도 있다.	register int a;

정적 변수와 지역 변수는 모두 함수 내부에서 선언되는데, 차이점은 변수의 라이프타임이다. 정적 변수는 한 번 변수가 만들어지면, 프로그램이 종료될 때까지 존재하는 반면에 지역 변수는 함수를 수행하는 동안에만 존재하고, 함수가 종료되면 사라진다.

다음의 check.c 예제는 check() 함수에 정적 변수 s와 지역 변수 a를 각각 1로 초기화하고, check() 함수를 5번 호출한 경우에 s 변수와 a 변수의 값의 변화를 알아보는 프로그램이다. 정적 변수는 한번 만들어지고 계속 존재하기 때문에 함수를 호출할 때마다 값이 증가하는 반면에 지역 변수 a는 매번 새로 만들어지기 때문에 항상 1값만 출력한다.

예제: check.c

```
1 #include <stdio.h>
2
3 check() {
4    static int s = 1;
5    int a = 1;
6    printf("s = %d \t a = %d\n", s++, a++);
7 }
8
9 main() {
10    int k;
11    for(k=0; k < 5; k++) {
12       check();
13    }
14 }
```

설명

```
4    static int s = 1;
```

정적 변수 s를 선언하고, 1로 값을 초기화한다.

```
5    int a = 1;
```

지역 변수 a를 선언하고, 1로 값을 초기화한다.

```
6    printf("s = %d \t a = %d\n", s++, a++);
```

현재 s와 a 변수의 값을 출력하고, 각 변수의 값을 하나씩 증가시킨다.

```
11    for(k=0; k < 5; k++) {
12       check();
```

check() 함수를 5번 호출함으로써 지역 변수와 정적 변수의 차이를 파악하도록 한다.

결과

```
C:\> check.exe
s = 1   a = 1
s = 2   a = 1
s = 3   a = 1
s = 4   a = 1
s = 5   a = 1
```

헤더 파일은 여러 개의 소스 파일에서 공유해서 사용하는 선언문과 매크로를 정의하기 위해서 사용한다. 즉, 헤더 파일에 공유해서 사용할 자료 구조, 함수 헤더, 매크로,

전역 변수 등을 선언하고, C 소스 파일에서는 #include를 이용해서 헤더 파일의 내용을 가져다 쓸 수 있다.

C 응용 프로그램이 커지면, 여러 개의 파일을 이용해서 프로그램을 작성해야 한다. 이때 여러 개의 소스 파일과 헤더 파일에서 선언된 전역 변수들이 동일한 이름을 사용하는 경우에 문제가 발생할 수 있다. 예를 들어, data라는 전역 변수가 double로 선언된 곳도 있고, 정수 배열로 선언된 곳도 있다면, 이것은 컴파일 시에 에러가 발생한다.

헤더 파일을 사용하는 방법과 extern 스토리지 클래스 예제를 공부해 보도록 하자. 다음은 헤더 파일에 정수 배열과 LEN을 정의한 것을 보여준다.

예제: data.h

```
#define LEN 3
int data[LEN] = { 1, 2, 3 };
```

C 프로그램에서는 정의한 헤더 파일을 include를 통해서 가져다 쓸 수 있다. 다음은 data.h 헤더 파일을 사용하는 C 프로그램 예제이다.

예제: data.c

```
 1 #include <stdio.h>
 2 #include "data.h"
 3
 4 extern int data[];   /* int data[]; 혹은 int data[LEN]; */
 5 double pi = 3.14;
 6 main() {
 7    int k;
 8    for(k=0; k < LEN; k++) {
 9       printf("%d", data[k]);
10    }
11    printf("\n%f\n", pi);
12 }
```

설명

2 #include "data.h"

data.h 헤더 파일을 인클루드한다.

```
4 extern int data[];   /* int data[]; 혹은 int data[LEN]; */
```

data 변수는 전역 변수이면서, data.h 헤더 파일에 선언된 것을 사용하기 때문에 extern 으로 선언한다.

결과

```
C:\> data.exe
1 2 3
3.140000
```

4.5.2 스토리지 클래스와 메모리 주소

스토리지 클래스는 변수의 스코프와 라이프타임을 결정할 뿐만 아니라, 메모리 공간의 주소도 결정한다. 즉, 지역 변수와 전역 변수는 생성되는 메모리 영역이 달라진다. 다음은 함수, 전역 변수, 정적 변수, 지역 변수의 메모리 주소를 출력하는 예제 프로그램이다.

예제: address.c

```
#include <stdio.h>

int global;

fun(int k) {
   static int st;
   int local;
   if(k == 0) return;

   printf("&static = %p\n", &st);
   printf("&local = %p\n", &local);
   fun(k-1);
}

main() {
   int k, *ip;
   printf("&main = %p\n", main);
   printf("&fun = %p\n", fun);
   printf("&printf = %p\n", printf);
   printf("&global = %p\n", &global);
   ip = (int *)malloc(sizeof(int));
```

```
    printf("ip = %p\n", ip);
    printf("&k = %p\n", &k);
    fun(3);
}
```

결과

```
C:\> address.exe
&main = 00401316
&fun = 004012D0
&printf = 00401B88
&global = 00404084
ip = 003E3FE8
&k = 0022FF54
&static = 00404008
&local = 0022FF24
&static = 00404008
&local = 0022FF04
&static = 00404008
&local = 0022FEE4
```

main(), fun(), printf() 등의 함수는 004로 시작하는 주소에 생성된다. 전역 변수 및 정적 변수 역시 004로 시작되는 위치에 만들어진다. 지역 변수는 002로 시작되는 위치에 만들어진다.

여기에서 004, 002 등의 숫자는 중요하지 않고(플랫폼에 따라 다르기 때문에), 변수의 종류에 따라 생성되는 위치가 다르다는 것에 주의해야 한다.

스토리지 클래스가 다르고, 이름이 같은 변수가 여러 개 있는 경우에 블록에서 변수를 접근하면, 블록의 가장 내부에서 선언된 변수부터 사용할 수 있다. 다음 예제는 value라는 변수가 스토리지 클래스는 다르고, 여러 개 선언된 경우에 이를 접근하는 예를 보여준다.

예제: access_value.c

```
#include <stdio.h>

int value = 10;

main() {
  register int i;
  int     value = 20;

  printf("value = %d\n", value);
   for(i=0; i < 5; i++) {
     extern int value;
     if(i == 2) {
```

```
13            int value = 30;
14            printf("\t\tvalue = %d\n", value);
15         } else {
16            printf("\tvalue = %d\n", value);
17         }
18      }
19      printf("value = %d\n", value);
20  }
```

설명

```
3  int  value = 10;
7     int      value = 20;
8
9     printf("value = %d\n", value);
```

9번 줄에서 사용할 수 있는 value는 지역 변수(7번 줄)와 전역 변수(3번 줄)가 있는데, 이때에는 가까운 곳에서 선언한 지역 변수에 접근한다. 즉, 20이 출력된다.

```
11         extern int value;
15         } else {
16            printf("\tvalue = %d\n", value);
```

16번에서 접근할 수 있는 value는 7번 줄의 지역 변수와 3번 줄의 전역 변수가 있는데, 11번 줄에서 전역 변수(3번 줄)를 다시 선언했기 때문에 전역 변수의 값(10)이 출력된다.

```
11         extern int value;
12         if(i == 2) {
13            int value = 30;
14            printf("\t\tvalue = %d\n", value);
```

14번 줄에서 접근할 수 있는 value는 총 3개인데, 첫째는 3번 줄의 전역 변수(11번 줄에서 재선언)이고, 둘째는 7번 줄에서 선언한 지역 변수, 셋째는 13번 줄에서 선언한 지역 변수이다. 이때 가장 가까운 것은 13번에서 선언한 지역 변수이기 때문에 30이 출력된다.

결과

```
C:\> access_value.exe
value = 20
      value = 10
      value = 10
            value = 30
      value = 10
      value = 10
value = 20
```

4.5.3 함수에서 extern과 static

함수는 extern과 static 스토리지 클래스를 사용할 수 있다. 일반적으로 함수를 선언하면, 다른 곳에서 이 함수를 사용할 수 있는데, 이것은 기본적으로 함수가 extern을 사용하기 때문이다. 함수를 다른 파일에서는 사용하지 못하도록 하기 위해서는 함수를 static으로 선언한다.

예: 함수의 스토리지 클래스 선언

```
function apple(); {/* 어디에서나 사용 가능 */}
extern function pear(); {/* 어디에서나 사용 가능 */}
static function apple(); {/* 이 파일 외에서는 사용 불가능 */}
```

4.6 전처리기

전처리기(preprocessor)는 컴파일러가 소스를 컴파일하기 전에 C 소스 프로그램에 대해서 전처리 명령어들을 수행하는 매크로 처리기이다. 전처리기 명령어는 #으로 시작하고, 대표적인 명령어로는 include, define 등이 있다. GNU의 C 컴파일러의 경우에 전처리기 프로그램은 cpp 이다. MS의 비주얼 C++의 경우에 /P 옵션을 통해서 컴파일하는 경우에 전처리된 중간 결과물 파일을 볼 수 있다.

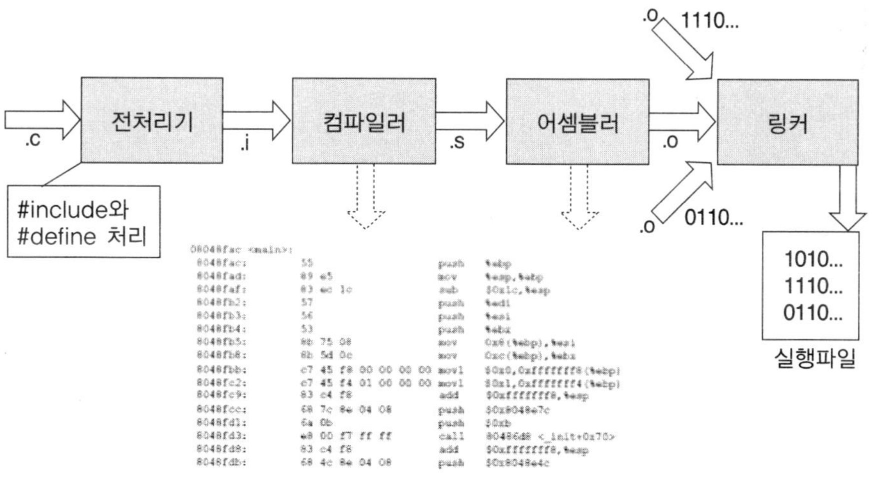

4.6.1 파일 인클루드

C 프로그램에서 #include 문장은 외부 파일을 현재 파일에 포함시킬 때 사용하고, 다

음과 같은 형태로 사용한다.

형태: include 문장

```
#include <filename.h>
#include "filename.h"
```

파일 이름 주위에 〈〉를 사용하는 경우와 인용부호("")를 사용하는 경우가 다른데, 〈〉를 사용하는 경우에는 C 언어의 기본 폴더에서 해당 파일을 찾는다는 의미이고, 인용부호를 사용한 것은 C 프로그램이 있는 소스 폴더에서 해당 파일을 찾고, 없는 경우에 시스템 폴더에서 찾는다는 의미이다.

```
C:\> cpp data.c data.out
C:\> more data.out
...
int data[3] = {1, 2, 3 };
# 3 "data.c" 2

extern int data[];
double pi = 3.14;
main() {
   int k;
   for(k=0; k < 3; k++) {
...
```

4.6.2 매크로 정의와 삭제

매크로와 관련된 전처리 명령어로는 #define, #undef, #ifdef, #ifndef, #endif 가 있다. #define 문장은 매크로를 정의하기 위해서 사용하며, 다음과 같은 형태로 매크로를 정의한다. 전처리기는 #define을 통해 정의한 *"이름"*을 *"내용"*으로 치환한다.

매크로 정의 형태	매크로 정의 예
#define 이름 내용	#define LEN 10
	#define SIZE (4*LEN)
	#define max(A, B) ((A) 〉 (B) ? (A) : (B))
	#define swap(x, y) { unsigned long _te=x; x=y; y=_te; }

예제: max.c

```
1 #include <stdio.h>
2 #define max(A, B) ((A) > (B) ? (A) : (B))
3 main() {
4    printf("max(%d, %d) = %d\n", 10, 20, max(10, 20));
5 }
```

설명

```
2 #define max(A, B) ((A) > (B) ? (A) : (B))
```

max라는 매크로를 정의한다.

```
4    printf("max(%d, %d) = %d\n", 10, 20, max(10, 20));
```

매크로를 사용한다.

결과

```
C:\> max.exe
max(10, 20) = 20
```

ISO 표준 C에서는 다음과 같은 몇 개의 표준 매크로를 정의하고 있다.

- __FILE__ : 소스 파일 이름
- __LINE__ : 소스 파일에서 현재 줄 번호
- __DATE__ : 날짜
- __TIME__ : 시간

다음은 표준 매크로를 사용하는 예제 프로그램이다.

예제: predefined.c

```
1 #include <stdio.h>
2
3 main() {
4    printf("FILE:%s \t LINE:%d\n", __FILE__, __LINE__);
5    printf("DATE:%s\n", __DATE__);
6    printf("TIME:%s\n", __TIME__);
7 }
```

결과

```
C:\> predefined.exe
FILE:C:\src\ch4\predefined.c  LINE:4
DATE:Dec 25 2010
TIME:05:17:39
```

매크로는 함수처럼 편리한 점이 있지만, 함수와는 다르게 매크로 확장에서 엉뚱한 결과를 가져올 수 있기 때문에 주의해서 사용해야 한다. 다음은 잘못 사용한 매크로의 예이다.

매크로 사용	매크로 확장 결과	설명
#define max(A, B) ((A)>(B)?(A):(B)) ... max(i++, j++);	((i++) > (j++) ? (i++) : (j++))	증가 연산자를 사용하기 때문에 값이 계속 증가함
#define square(x) x*x ... q = square(5+5)	q=5+5*5+5	매크로 정의가 잘못되어 있음 ((x)*(x))로 수정해야 함

정의된 매크로를 삭제하기 위해서는 #undef 명령어를 사용한다.

예: max 매크로 삭제

```
#undef max
```

어떤 매크로가 정의되어 있는지 여부는 #ifdef 명령어를 사용하고, 정의되어 있지 않은지를 알아보기 위해서는 #ifndef 명령어를 사용한다.

```
#ifndef LEN              /* LEN 매크로가 정의되어 있지 않으면 */
#define LEN 10           /* LEN 매크로 정의 */
#endif                   /* #ifndef 명령어 끝 */
```

매크로로 정의된 상수값은 컴파일 시에 -D 옵션을 이용해서 변경할 수 있다. 위의 LEN 매크로를 컴파일 시에 다음과 같이 변경해서 컴파일할 수 있다.

예제: len.c

```
1 #include <stdio.h>
2 #ifndef LEN
3 #define LEN 10
4 #endif
5
6 main() {
7    printf("%d\n", LEN);
8 }
```

설명

```
2 #ifndef LEN
3 #define LEN 10
```

LEN이 정의되어 있지 않으면, LEN을 10으로 정의한다.

결과

```
C:\> len.exe
10

C:\> gcc -DLEN=20 -o len.exe len.c       <--컴파일 시에 LEN을 정의 가능
C:\> len.exe
20
```

4.6.3 조건에 따른 인클루드

프리프로세싱 작업 도중에 #if 문을 이용해서 조건문들을 수행하게 할 수 있다. #if 다음에는 정수형 상수값이 올 수 있으며, 상수값이 0이 아닌 경우에 #if 문에 포함된 문장들이 수행된다. #if 문은 #elif, #else 문을 같이 사용할 수 있고 #endif로 끝난다. defined(name) 문장은 name이 선언된 경우에는 1값을 선언되지 않은 경우에는 0값을 리턴한다.

C 언어는 현재 대부분의 컴퓨터 플랫폼에서 사용하기 때문에 사용하는 컴퓨터 종류에 따라 지원하는 라이브러리가 다를 수 있다. 따라서 윈도에서 실행되는 프로그램을 유닉스나 리눅스에서 컴파일하기 위해서는 인클루드하는 파일들이 달라야 하기 때문에 조건에 따른 인클루드를 사용한다.

예: 조건에 따라 인클루드

```
#if !defined(HDR)         /* HDR 매크로가 정의되어 있지 않으며   */
#define HDR "sys.h"       /* HDR 매크로 정의                    */
#endif                    /* #if의 끝                           */
#include HDR              /* HDR에 해당되는 파일을 인클루드      */
```

다음은 컴퓨터 플랫폼에 따라 헤더 파일을 인클루드하는 것을 보여준다. 여러 개의 조건을 비교하기 위해서 #if, #elif, #else를 사용한다.

예: 시스템 플랫폼에 따라 헤더 파일 인클루드

```
#if SYSTEM == SYSV
   #define SYS "sysv.h"
#elif SYSTEM == BSD
   #define SYS "bsd.h"
#elif SYSTEM == MSDOS
   #define SYS "msdos.h"
#else
   #define SYS "default.h"
#endif
#include SYS
```

#ifndef 문장은 변수가 선언되지 않은 경우에 수행되는 부분이다. #if와 마찬가지 방법으로 사용할 수 있다.

➡ 실습

1. 변수 x와 y의 값을 바꾸는 swap(t, x, y) 매크로를 만들라. t는 x와 y의 자료형이다.

제5장

배열과 포인터

학습목표

이 장은 C 언어의 배열과 포인터에 대해서 배우고 실습함으로써 문제 해결 능력을 기르는 것을 목표로 한다.

1. 배열 개념과 사용 방법
2. 포인터 개념과 사용 방법
3. 문제 해결 능력

5.1 배열

5.1.1 1차원 배열을 C 언어로 변환하기

순서도와 2장에서 배열의 개념과 C 프로그램에서 배열을 사용하는 방법에 대해서 간단히 다루어 보았다. 이 장에서는 배열에 대해서 좀 더 구체적인 내용들을 배울 것 있다. C 언어에서 배열은 다음과 같은 형태로 선언할 수 있다.

형태: 배열 선언

자료형 *변수* [*크기*];

다음은 배열을 선언하는 방법과 배열의 개념을 그림으로 보여준다. 배열은 그림에서 볼 수 있듯이 연속된 영역에 동일한 자료형의 값들을 저장 및 관리하기 위해서 사용한다. 이때 각 값을 접근하기 위해서는 배열 이름에 번호를 붙여서 접근하고, 번호는 0번부터 시작한다. 예를 들어, 아래 예에서 배열 k의 번호 8번(k에서 9번째 칸)에 200을 저장하기 위해서는 k[8] = 200; 라고 쓴다.

배열 선언	개념 그림	설명
int k[10];	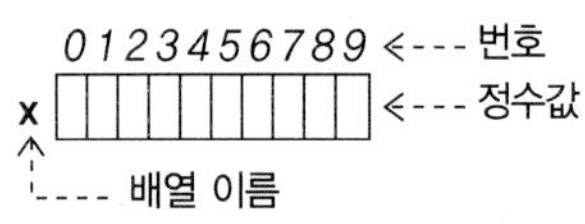	정수 int형 배열 k 선언 사용 예: k[8] = 200;
double x[5];	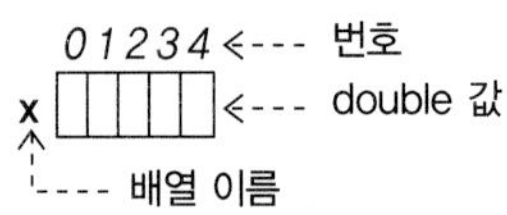	실수 double형 배열 x 선언 사용 예: x[4] = 3.14;

배열은 선언할 때 { 과 } 사이에 값을 기술함으로써 배열을 초기화 할 수 있다.

5.1.2 다차원 배열을 C 언어로 변환하기

C 언어에서는 []를 여러 개 사용함으로써 다차원 배열 선언할 수 있다. 다음 예는 2행 3열 형태의 배열을 선언하고, 값을 저장하는 방법을 보여준다.

배열 선언과 값 할당	배열 선언과 초기화	개념도

`int t[2][3] ;`
`t[0][0] = 1;`
`t[0][1] = 2;`
`t[0][2] = 3;`
`t[1][0] = 4;`
`t[1][1] = 5;`
`t[1][2] = 6;`
	`int t[2][3] = { {1, 2, 3},`
	`{4, 5, 6} };`
		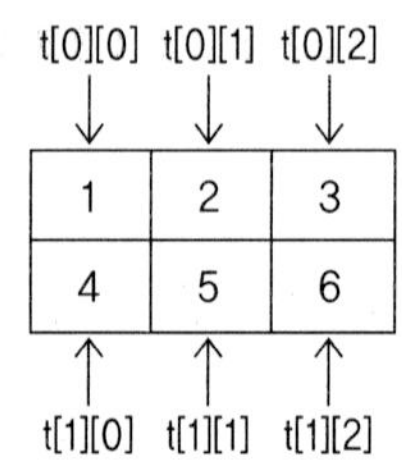

1장에서 순서도를 이용해서 배열의 개념을 배웠고, 2장에서 배열을 C 언어로 변환하는 방법을 배웠다. 순서도 2-10은 2장에서 배웠던 것이지만, 다시 한 번 살펴보도록 하자.

순서도 2-10	C 언어 프로그램

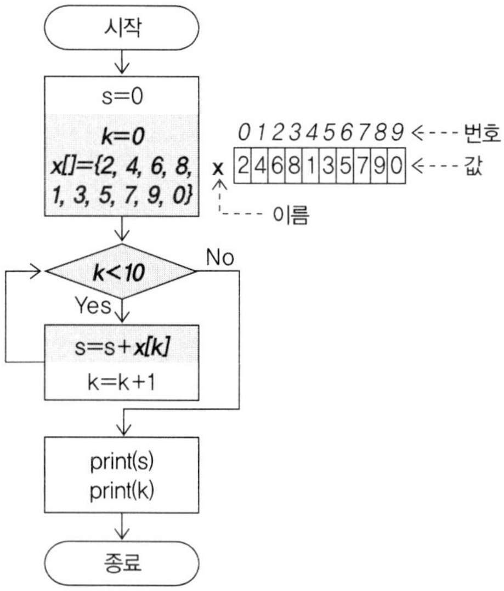


```c
#include <stdio.h>
main( ) {
   int s = 0;
   int k = 0;
   int x[10] = {2, 4, 6, 8, 1, 3, 5, 7, 9, 0};


   while( k < 10) {

      s = s + x[k];
      k = k + 1;
   }

   printf("%d\n", s);
   printf("%d\n", k);
}
```

설명

```c
int x[10] = {2, 4, 6, 8, 1, 3, 5, 7, 9, 0};
```

크기가 10인 정수 배열 x를 선언하고, 초기화로 값을 넣는다.

```c
while( k < 10) {
   s = s + x[k];
```

반복문을 이용해서 배열 x의 k 번째 원소를 s에 합한다.

순서도 2-11은 역시 2장에서 다룬 내용이지만, 2차원 배열의 사용법을 상기시키는 의미에서 다시 살펴보도록 하자. 3*4 크기의 정수 2차원 배열 s에 값을 초기화하고, 배열의 내용을 출력하는 프로그램이다.

순서도 2-11	C 언어 프로그램

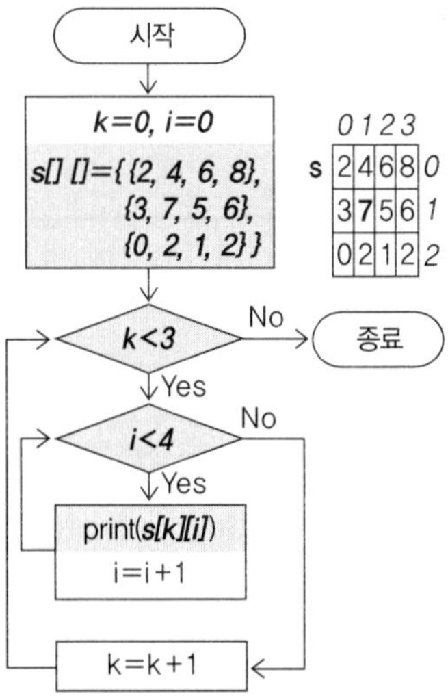


```c
#include <stdio.h>
main( ) {
   int k = 0;
   int i = 0;
   int s[3][4] = {{2,4,6,8},
                  {3,7,5,6},
                  {0,2,1,2}};
   while( k < 3) {
      i = 0;
      while(i < 4) {
         printf("%d", s[k][i]);
         i = i+1;
      }
      printf("\n");
      k = k + 1;
   }
}
```

설명

```c
int s[3][4] = {{2,4,6,8},
               {3,7,5,6},
               {0,2,1,2}};
```

3 x 4 크기의 정수 2차원 배열을 선언하고, 값을 초기화한다.

```c
while( k < 3) {
```

모든 행에 대해서 반복을 수행한다.

```c
i = 0;           /* 행이 바뀌면 열은 0부터 시작한다. */
while(i < 4) {
```

모든 열에 대해서 반복을 수행한다.

```c
11          printf("%d", s[k][i]);
```

2차원 배열에서 k행 i열의 값을 출력한다.

이차원 배열로 표현할 수 있는 행렬은 덧셈, 뺄셈, 곱셈연산을 수행할 수 있다. 행렬의 덧셈은 같은 크기의 행렬에 대해서 각 원소의 합을 구하는 것이다. 즉, 다음과 같이 행렬 A와 B가 있을 때 A+B의 합을 구할 수 있다.

A	B	A+B
$A = \begin{bmatrix} A_{00} & A_{01} \\ A_{10} & A_{11} \\ A_{20} & A_{21} \end{bmatrix}$	$B = \begin{bmatrix} B_{00} & B_{01} \\ B_{10} & B_{11} \\ B_{20} & B_{21} \end{bmatrix}$	$A+B = \begin{bmatrix} A_{00}+B_{00} & A_{01}+B_{01} \\ A_{10}+B_{10} & A_{11}+B_{11} \\ A_{20}+B_{20} & A_{21}+B_{21} \end{bmatrix}$

위에서 배운 내용을 바탕으로 다음 문제에 대한 순서도를 C 언어 프로그램으로 변환해 보도록 하자.

[문제 19]

세 가게(A, B, C)가 사과와 배를 판매한다. 오늘 세 가게의 판매 실적은 A: 사과 100개와 배 200개, B: 사과 50개와 배 60개, C: 사과 80개와 배 90개이다. 세 가게의 판매 실적을 2차원 배열로 표현하고, 각 가게의 사과와 배 판매 개수의 합을 구하라.

[문제 20]

세 가게(A, B, C)가 사과와 배를 판매한다. 어제와 오늘 세 가게의 판매 실적은 다음과 같다.

어제: A(사과:100, 배:200), B(사과:50, 배:60), C(사과:80, 배:90)

오늘: A(사과:110, 배:170), B(사과:60, 배:65), C(사과:70, 배:84)

이틀간 세 가게의 총 판매 실적을 구하라.

[힌트]

이차원 배열 3개를 선언:

```
int yesterday[3][2]; /* 어제 판매량 */
int today[3][2];     /* 오늘 판매량 */
int total[3][2];     /* 판매량 합 */
...
total[0][0] = yesterday[0][0] + today[0][0];
```

5.1.3 배열 응용: 행렬 곱셈

N*K의 행렬 A와 K*M 행렬 B가 있을 때 이 두 행렬은 A*B 곱셈 연산을 할 수 있다. 곱셈 연산의 결과는 N*M 행렬이 된다. 즉, 행렬의 곱셈 C=A*B에서 C 행렬의 각 원소의 값은 다음과 같은 식으로 계산할 수 있다.

$$C_{ij} = \sum_{k=0}^{n} A_{ik} B_{ki}$$

이것을 그림으로 표현하면 다음과 같이 나타낼 수 있다. $C_{00}=A_{00}*B_{00}+A_{01}*B_{10}+A_{02}*B_{20}$을 계산하면 58이 나온다.

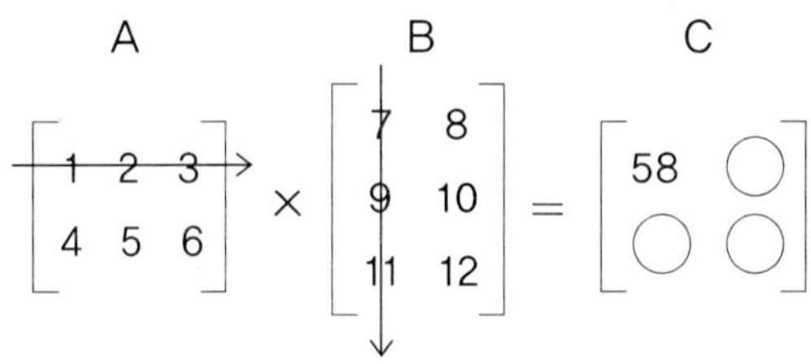

그림 5-1. 행렬 곱셈

[문제 20]에서 사과의 이익금이 50원이고, 배의 이익금이 70원일 때 세 가계의 판매 이익금은 행렬의 곱을 통해서 계산할 수 있다. 즉, 다음과 같이 계산할 수 있다.

A	B	A*B
$A = \begin{bmatrix} 110 & 170 \\ 60 & 65 \\ 70 & 84 \end{bmatrix}$	$B = [\ 50 \quad 70\ ]$	$A*B = \begin{bmatrix} 110*50+170*70 \\ 60*50+65*70 \\ 70*50+84*70 \end{bmatrix}$

가계의 이익금을 계산하는 행렬 곱셈을 C 프로그램을 작성해 보도록 하자.

예제: total_profit.c

```
#include <stdio.h>
#define N 3
#define K 2
#define M 1

main() {
   int i, k, j, sum;
```

```
8    int today[N][K] = {{110, 170}, {60, 65}, {70, 84}};
9    int profit[K][M] = {50, 70};
10   int result[N][M];
11
12   for(i = 0; i < N; i++) {
13      for(j=0; j < M; j++) {
14         sum = 0;
15         for(k =0; k < K; k++) {
16            sum += today[i][k] * profit[k][j];
17         }
18         result[i][j] = sum;
19      }
20   }
21   for(i=0; i < N; i++) {
22      for(j=0; j < M; j++) {
23         printf("%d \t", result[i][j]);
24      }
25      printf("\n");
26   }
27 }
```

설명

```
2 #define N 3
```

N * K 행렬과 K * M 행렬의 곱을 구하기 위해 N, K, M의 값을 define을 이용해서 숫자를 지정한다.

```
12   for(i = 0; i < N; i++) {
13      for(j=0; j < M; j++) {
14         sum = 0;
15         for(k =0; k < K; k++) {
16            sum += today[i][k] * profit[k][j];
```

결과 행렬 (N x M)의 각 요소 값을 구하기 위해서 반복문을 수행한다.

```
21   for(i=0; i < N; i++) {
22      for(j=0; j < M; j++) {
```

결과 행렬을 출력하기 위해서 반복문을 수행한다.

결과

```
C:\> total_profit.exe
17400
7550
9380
```

5.2 포인터

5.2.1 포인터 종류와 사용법

건물에 주소가 있듯이 우리가 지금까지 사용한 변수들에도 주소가 있다. 이때 변수의 주소는 변수 이름 앞에 & 기호를 붙이도록 하자. 예를 들어, 변수 ***a의 주소***는 ***&a***로 표현한다. 다음 예를 보자. ap 변수는 a 변수의 주소를 값으로 갖는다.

코드 예	개념 그림	설명

int a;
a = 10;
ap = &a;
	ap: [3ffea0] ──→ a: [10]
	3ffea0
		a는 10 값을 갖는 정수형 변수이고, ap는 a의 주소 값(3ffea0)을 갖는 변수이다.

이때 ap가 가리키는 곳(변수 a)의 값(10)을 표현하기 위해서는 * 연산자를 사용한다. 즉, 다음과 같이 기술한다.

```
x = *ap;    /*  ap가 가리키는 곳의 값(10)을 x에 할당 */
*ap++;      /*  ap가 가리키는 곳의 값을 하나 증가시킴.
                a 변수의 값이 11로 변경됨 */
```

그러면 변수 ap는 어떻게 선언할 수 있을까? ap 변수의 자료형은 포인터라고 하고, 좀더 구체적으로는 ap가 가리키는 곳의 자료형에 따라 정수 포인터, 실수 포인터 등으로 구분할 수 있다.

포인터형 변수	설명	개념도	의미
int * ip;	정수 포인터 변수 ip	ip [ ] - - - -> 정수	ip가 가리키는 곳은 정수
double * dp;	실수 포인터 변수 dp	dp [ ] - - - -> 실수	dp가 가리키는 곳은 실수
char * cp;	문자 포인터 변수 cp	cp [ ] - - - -> 문자	cp가 가리키는 곳은 문자

포인터와 관련된 연산자로는 주소 연산자(&)와 간접 연산자(*)가 있다. 주소 연산자는 변수의 주소 값을 리턴하는 연산자이고, 간접 연산자는 주소 값이 가리키는 곳에 저장된 값을 리턴하는 연산자이다.

- & : 주소 연산자, 변수의 포인터(주소) 값을 만든다.
- * : 간접 연산자. 포인터(주소)가 가리키는 곳의 값

다음은 정수형 변수와 정수 포인터(ip)를 이용해서 포인터 관련 연산과 개념을 알아보기 위한 프로그램이다. 포인터와 관련해서 동작 원리를 파악하기 위해서는 그림을 그려보는 것이 효과적이다. 그림을 그려보고, 프로그램을 실행한 결과를 예측해 보라.

소스 코드

예제: int_pointer.c

```
1 #include <stdio.h>
2
3 main() {
4     int i, j, *ip;
5
6     ip = &i;
7     i = 22;
8     j = *ip;
9     *ip = 17;
10
11    printf("i = %d\n", i);
12    printf("j = %d\n", j);
13    printf("*ip = %d\n", *ip);
14    printf("ip = %p\n", ip);
15 }
```

개념 그림

변수 i, j, ip에 대해서 값과 포인팅 관계를 다음 그림에 추가하라.

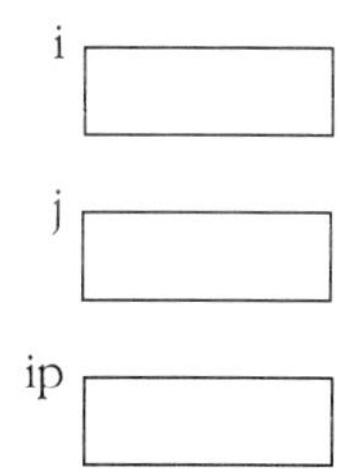

설명

```
4     int i, j, *ip;
```
정수 변수 2개(i와 j)와 정수 포인터 ip를 선언한다.

```
6     ip = &i;
```
i변수의 주소를 ip에 저장한다.

```
8     j = *ip;
```
ip가 가리키는 곳의 값을 j에 저장한다.

```
9     *ip = 17;
```
ip가 가리키는 곳의 값을 17로 저장한다.

결과

```
C:\> int_pointer.exe
i = ?
j = ?
*ip = ?
ip = 0022FF54
```

함수 호출에서 값을 매개 변수로 전달하면, 함수 내부에서 값이 변경되더라도 원래 변수의 값은 변경되지 않는다. 그러나 포인터를 함수의 매개 변수로 전달할 때는 함수 내부에서 포인터 변수의 값을 변경하는 경우에 원래 변수의 값도 변경될 수 있다. 따라서 이러한 성질은 효과적인 함수를 구현할 때 유용하게 사용할 수 있지만, 잘못 사용하는 경우에는 심각한 오류를 유발할 수 있기 때문에 주의해야 한다.

소스 코드

예제: passing_pointer.c

```
1  #include <stdio.h>
2
3  void h(int *p) {
4     printf("h()함수: p의 주소=%p", &p);
5     printf("\t p의 값=%p\t", p);
6     printf("p가 가리키는 곳의 값=%d \n", *p);
7     *p = 20;
8  }
9
10 main() {
11    int a = 10;
12
13    printf("main함수: a의 주소=%p", &a);
14    printf("\t a의 값=%d\n", a);
15    h(&a);
16    printf("h()함수 호출 후 a의 값=%d\n", a);
17 }
```

개념 그림

main()에서 h() 함수를 호출하고, 변수 a의 주소(0022FF54)를 매개 변수값으로 전달한다. h() 함수에서는 p 변수가 전달받은 값(0022FF54)을 갖고 있다. 다음 그림은 h() 함수를 호출하고, h() 함수에서 6번 줄까지 실행한 상태에서 변수 a와 p의 값을 보여준다. 7번 줄을 실행하면, 어떻게 변화되는지 그림에 추가하라.

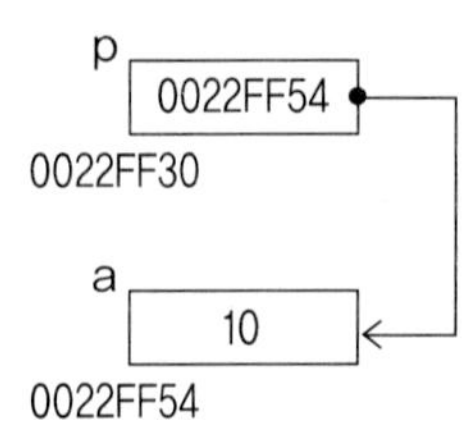

설명

```
3  void h(int *p) {
```

h() 함수는 정수 포인터를 매개 변수로 받는다. 포인터를 매개 변수값으로 전달하는 경우에 원래 변수의 값이 변경될 수 있다. 포인터를 함수의 매개 변수로 사용하는 것에 대한 내용은 4장 함수 부분을 참조하라.

```
4     printf("h()함수: p의 주소=%p", &p);
```

매개 변수 p의 주소를 출력한다.

```
5     printf("\t p의 값=%p\t", p);
```

매개 변수 p의 값(즉, 다른 변수의 주소 값)을 출력한다.

```
6     printf("p가 가리키는 곳의 값=%d \n", *p);
```

p 변수가 가리키는 곳의 값을 출력한다.

```
7     *p = 20;
```

p가 가리키는 곳의 값을 20으로 변경한다.

```
11    int a = 10;
```

정수 변수를 선언하고 값을 10으로 초기화한다.

```
15      h(&a);
```

a 변수의 주소를 h() 함수의 매개 변수값으로 전달한다. 이때 a 변수의 주소 값을 h() 함수에 복사해서 전달하기 때문에 **값 전달(call-by-value)** 방식이 사용된다.

```
16      printf("h()함수 호출 후 a의 값=%d\n", a);
```

h() 함수를 호출한 후에 a의 값이 변경됨을 알 수 있다. 이것은 h() 함수에서 a 변수의 주소를 이용해서 a 변수의 값을 변경하였기 때문이다.

결과

```
C:\> passing_pointer.exe
main함수: a의 주소=0022FF54 a의 값=10
h()함수: p의 주소=0022FF30  p의 값=0022FF54      p가 가리키는 곳의 값=10

h()함수 호출 후 a의 값=20
```

5.2.2 널(NULL) 포인터

포인터 변수에 값이 없음(다른 변수를 가리키지 않음, 끝 등을 의미함)을 표현하기 위해서 C 언어에서는 특별한 포인터인 널(null) 포인터를 지원한다. ***널 포인터는 0, 0L, (void *)0으로 표현***될 수 있다. *NULL*는 널 포인터를 표현하는 매크로로서 0, 0L, (void *)0 중에서 한 가지를 의미하기 때문에 편리하게 사용할 수 있다. 널 포인터는 기본적으로 0 값과 같기 때문에 if나 while 문의 조건에서 사용되면 거짓에 해당된다.

간단한 표현	풀어쓴 표현

if(ip)
    i = *ip;
	if(ip != NULL)
	    i = *ip;

5.2.3 제네릭 포인터

지금까지 포인터 변수는 정수를 가리키는 정수 포인터, 실수를 가리키는 실수 포인터 등으로 가리키는 자료형에 따라 다르게 지정했는데, 모든 자료형에 적용할 수 있는 포인터가 존재한다. 이러한 포인터를 ***제네릭 포인터***라고 하고, *void* *로 표현한다. 제네렉 포인터를 사용하면, 포인터에서 형변환 없이 사용할 수 있다.

예) 제네릭 포인터 사용

```
void * gp;   /* 제네릭 포인터 gp 선언 */
int  * ip;   /* 정수 포인터 ip 선언 */
char * cp;   /* 문자 포인터 cp 선언 */
   ...       /* 다른 작업 수행 */
gp = ip;     /* 정수 포인터를 제네릭 포인터 변수에 저장 */
ip = gp;     /* 제네릭 포인터를 정수 포인터에 저장 */
ip = (int *) cp;
             /* 문자 포인터를 정수 포인터에 저장하기 위해서는 형변환 필요 */
```

다음 예제는 제네릭 포인터를 이용해서 a와 b를 교환하는 프로그램이다. 제네릭 포인터를 사용함으로써 정수, 실수, 문자에 관계없이 작업을 수행할 수 있는 장점을 가지고 있다.

예제: gen_swap.c

```
#include <stdio.h>
#include <malloc.h>
#include <string.h>

void swap(void *a, void *b, int n) {
   void *t = malloc(n);
   memcpy(t, a, n);
   memcpy(a, b, n);
   memcpy(b, t, n);
   free(t);
}

main( ) {
   char  c1='A',   c2='B';
   int   i1=100,   i2=200,
   float  f1=3.14,   f2=33.33;

   printf("교환 전 : %c  %c",c1,c2);
   swap(&c1, &c2, sizeof(c1));
   printf("\t교환 후 : %c %c \n",c1,c2);

   printf("\n교환 전 : %d %d", i1, i2);
   swap(&i1, &i2, sizeof(int));
   printf("\t교환 후 : %d  %d\n",i1,i2);

```

```
26    printf("\n교환 전 : %f  %f",f1,f2);
27    swap(&f1, &f2, sizeof(float));
28    printf("\t교환 후 : %f  %f\n",f1,f2);
29 }
```

설명

```
2 #include <malloc.h>
```
malloc() 함수를 사용하기 위해서 malloc.h 헤더 파일을 인클루드한다.

```
3 #include <string.h>
```
memcpy() 함수를 사용하기 위해서 string.h 헤더 파일을 인클루드한다.

```
5 void swap(void *a, void *b, int n) {
```
매개 변수 a와 b는 제네릭 포인터타입이고, n은 자료형의 크기를 알려주기 위해서 사용한다.

```
6     void *t = malloc(n);
```
n 크기의 메모리를 할당받고, 메모리의 주소를 t 변수에 저장한다.

```
7     memcpy(t, a, n);
```
a 변수의 메모리 내용을 t 변수 메모리로 복사한다.

```
8     memcpy(a, b, n);
```
b 변수의 메모리 내용을 a 변수 메모리로 복사한다.

```
9     memcpy(b, t, n);
```
t 변수의 메모리 내용을 b 변수 메모리로 복사한다.

```
10    free(t);
```
t 변수의 메모리는 더 이상 필요 없기 때문에 삭제한다.

결과

```
C:\> gen_swap.exe
교환 전 : A  B 교환 후 : B  A
교환 전 : 100  200      교환 후 : 200  100
교환 전 : 3.140000  33.330002  교환 후 : 33.330002  3.140000
```

5.2.4 함수 포인터

변수가 메모리에 저장되기 때문에 주소(포인터)를 가지고 있는 것과 마찬가지로 함수도 메모리에 저장되기 때문에 함수 포인터를 가지고 있다. 함수 포인터가 존재한다는 것은 매우 유용한 기능들을 작성할 수 있다는 것을 의미한다. 즉, 변수에 함수 포인터를 저장할 수 있으며, 함수 포인터를 다른 함수의 매개 변수로 전달할 수도 있다.

함수 포인터	개념도	의미
int (*fp)();	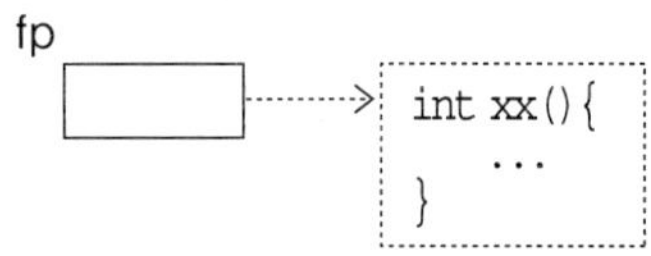	fp 변수는 리턴타입이 int이고, 매개 변수가 없는 함수를 가리키는 포인터

다음 프로그램은 함수 포인터를 변수에 저장하고, 다른 함수의 매개 변수로 전달해서 이를 호출하는 것을 보여준다.

예제: func_pointer.c

```
1 #include <stdio.h>
2
3 void say(char * msg) {
4    printf("%s\n", msg);
5 }
6
7 void exe(void (*fun)(char *), char* msg) {
8    fun(msg);
9 }
10
11 main() {
12    void (*hello)(char *);
13
14    hello = say;
15    hello("Hello World");
16    exe(hello, "HI~~");
17 }
```

설명

```
7 void exe(void (*fun)(char *), char* msg) {
8    fun(msg);
```

exe 함수의 매개 변수는 함수 포인터 fun과 문자 포인터 msg이다. fun 함수는 문자 포인터를 매개 변수로 받고, 리턴 타입은 void 이다.

```
12    void (*hello)(char *);
```

hello 변수는 함수 포인터형이고, 이 함수는 문자 포인터를 매개 변수로 받고, 리턴타입은 void이다.

```
14    hello = say;
```
say 함수 포인터를 hello 변수에 할당한다.

```
15    hello("Hello World");
```
hello 함수를 호출한다.

```
16    exe(hello, "HI~~");
```
exe 함수를 호출하면서, hello 함수를 매개 변수로 전달한다.

결과

```
C:\> func_pointer.exe
Hello World
HI~~
```

5.2.5 포인터와 배열

배열과 포인터는 동일하지는 않지만 대부분의 경우에 서로 교환해서 사용할 수 있다. 특히 식(expression)에서는 배열과 포인터는 서로 교환되어 사용될 수 있다.

앞에서 정수와 문자를 위한 배열을 선언하고, 사용하는 방법을 배웠다. 배열 원소는 연속된 영역에 저장되기 때문에 배열 원소의 주소는 배열 원소의 자료형의 크기만큼 차이가 난다. 예를 들어, 문자형 배열인 경우에는 문자형은 크기가 1바이트이기 때문에 문자 배열 ca[0]의 주소와 ca[1]의 주소는 1만큼 차이가 난다. 또한 배열 변수 ca는 &ca와 동일함에 주의하라. 정수형 배열은 배열의 원소가 정수이기 때문에 ia[0]의 주소와 ia[1]의 주소는 정수형의 크기인 4만큼 차이가 난다.

다음은 문자형 배열을 선언하고, 배열의 각 원소의 값과 주소를 알아보는 예제 프로그램이다.

예제: char_arrary.c

```
#include <stdio.h>
#define LEN 5

main( ) {
   char ca[LEN] = {'A', 'B', 'C', 'D', 'E'};
```

```
6     int i;
7
8     for(i=0; i < LEN; i++) {
9       printf("ca[%d] = %c \n", i, ca[i]);
10    }
11
12    printf("'ca' = %p \n", ca);
13    printf("'&ca' = %p \n", &ca);
14    for(i=0; i < LEN; i++) {
15      printf("&ca[%d] = %p \n", i, &ca[i]);
16    }
17
18    for(i=0; i < LEN; i++) {
19      printf("*(ca+%d) = %c \n", i, *(ca+i));
20    }
21 }
```

설명

```
5     char ca[LEN] = {'A', 'B', 'C', 'D', 'E'};
```

크기 5인 문자 배열을 선언하고, 초기화한다.

```
12    printf("'ca' = %p \n", ca);
13    printf("'&ca' = %p \n", &ca);
```

변수 ca의 값은 배열 ca의 주소 값을 의미한다.

```
15        printf("&ca[%d] = %p \n", i, &ca[i]);
```

ca는 문자 배열이기 때문에 각 배열 원소 사이의 주소 차이는 1이다.

```
19        printf("*(ca+%d) = %c \n", i, *(ca+i));
```

ca는 배열이지만, 포인터처럼 사용할 수 있다. 즉, ***ca의 값은 ca[0]의 값과 같고, *(ca +1)의 값은 ca[1]의 값과 동일**하다.

결과

다음 결과에서 ca = &ca = &ca[0]가 동일한 값이라는 것에 주의하기 바란다.

```
C:\> char_arrary.exe
ca[0] = A
ca[1] = B
...
'ca' = 0x22cd2b
'&ca' = 0x22cd2b
&ca[0] = 0x22cd2b
&ca[1] = 0x22cd2c
```

```
...
*(ca+0) = A
*(ca+1) = B
...
```

위의 char_array.c 예제에서 볼 수 있듯이 배열은 포인터와 호환되어서 사용할 수 있다. 다음은 정수 배열을 정수 포인터를 이용해서 접근할 때 둘 사이의 관계를 그림으로 보여준다.정수 배열 a에서 a[0]과 a[1]의 주소는 차이가 4(int 자료형의 크기)가 된다. 정수 포인터 pa가 배열 a의 주소를 가리킨다면, pa+1의 숫자적인 계산은 pa의 값+4(int 자료형 크기)가 된다. 즉, 포인터에서 +연산은 자료형 단위로 계산이 이루어진다. 즉, pa+1은 a[1]의 주소를 의미한다.

소스 코드	개념도
int a[10]; int *pa ; pa = &a[0]; /* pa = a; */	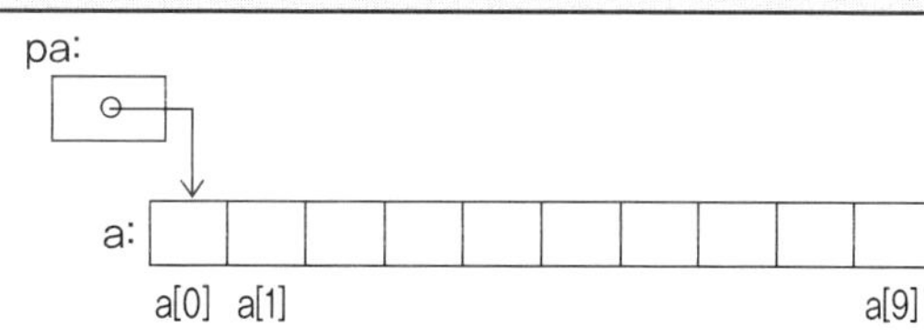
pa = 10; / a[0] = 10; */ *(pa+1) = 9; /* a[1] = 9; */ *(pa+2) = 8; /* a[2] = 8; */	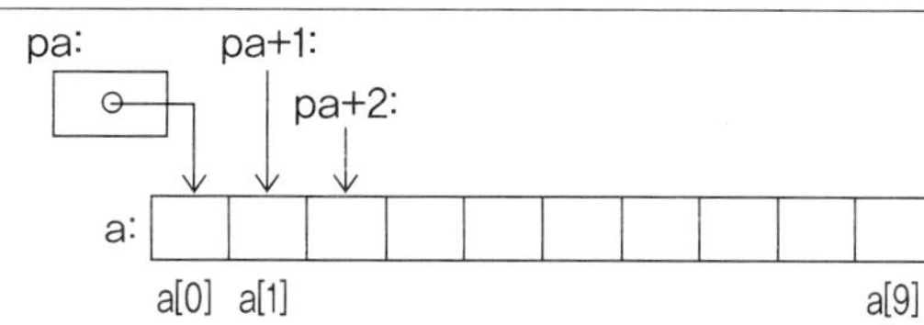

다음은 정수 배열과 정수 포인터를 이용해서 배열 내용을 접근하는 방법을 보여주기 위한 예제 프로그램이다. 배열과 포인터를 호환해서 사용할 때 의미를 정확히 파악해둘 필요가 있다.

예제: pnarray.c

```
#include <stdio.h>

main() {
    int a[10] = {10, 9, 8, 7, 6, 5, 4, 3, 2, 1};
    int *pa = a;
```

```
6
7     printf("a[3] = %d\n", a[3]);
8     printf("*(a+3) = %d\n", *(a+3));
9     printf("*(pa+3) = %d\n", *(pa+3));
10    printf("pa[3] = %d\n", pa[3]);
11    printf("*a+3 = %d\n", *a+3);
12    printf("sizeof(a) = %d\n", sizeof(a));
13    printf("sizeof(pa) = %d\n", sizeof(pa));
14 }
```

설명

```
4     int a[10] = {10, 9, 8, 7, 6, 5, 4, 3, 2, 1};
```

크기 10의 정수 배열을 선언하고, 값을 초기화한다.

```
5     int *pa = a;
```

정수 포인터 pa를 배열 a의 주소를 가리키도록 초기화한다.

```
7     printf("a[3] = %d\n", a[3]);
8     printf("*(a+3) = %d\n", *(a+3));
9     printf("*(pa+3) = %d\n", *(pa+3));
10    printf("pa[3] = %d\n", pa[3]);
```

a[3], *(a+3), *(pa+3), pa[3]은 모두 동일한 의미이다.

```
11    printf("*a+3 = %d\n", *a+3);
```

*a+3은 a[0]+3의 의미이다. 즉, 10 + 3이 계산되서 결과가 13이 출력된다.

```
12    printf("sizeof(a) = %d\n", sizeof(a));
```

배열 a의 크기는 10개 x 4 (정수 크기)해서 40이다.

```
13    printf("sizeof(pa) = %d\n", sizeof(pa));
```

pa의 크기는 정수 포인터이기 때문에 4이다.

결과

```
C:\> pnarray.exe
a[3] = 7
*(a+3) = 7
*(pa+3) = 7
pa[3] = 7
*a+3 = 13
sizeof(a) = 40
sizeof(pa) = 4
```

참고 *px++, (*px)++, *++px, ++*px 연산의 의미

연산의 의미	실행 예제	실행 결과

1. *px++ 는 *(px++)와 동일하다. 결과적으로는 *px의 값을 구하고, 나중에 px는 1 만큼 증가한다.	#include <stdio.h>
	
	main( ) {
	  int a[6] = { 1, 3, 6, 9, 12, 18 };
	  int *px = a;	

2. (*px)++ 는 먼저 *px 값을 구한 후 *px 자체를 1 만큼 증가시킨다.	printf("*px++=%d\n", *px++);
	  printf("*px=%d\n\n", *px);
	
	  px = a;
		*px++=1
		*px=3

3. *++px 는 *(++px)와 동일하다. 즉 먼저 px를 1 만큼 증가시킨 후 *px 값을 구한다.	printf("(*px)++=%d\n", (*px)++);
	  printf("a[0]=%d\n\n", a[0]);
	
	  a[0] = 1;
	  px = a;
		(*px)++=1
		a[0]=2

4. ++*px 는 ++(*px)와 동일하다. 즉 *px 의 값 자체를 1 만큼 증가시킨다.	printf("a[0]=%d\n", a[0]);
	  printf("*++px=%d\n\n", *++px);
	  px = a;
	  printf("++*px=%d\n", ++*px);
	}
		a[0]=1
		*++px=3
		
		++*px=2

5.2.6 포인터의 포인터

포인터의 포인터는 포인터 변수가 가리키는 대상 자체가 다른 포인터 변수라는 의미이다. 포인터의 포인터는 다음과 같이 선언할 수 있다.

변수 선언	변수값 할당	변수값 접근	개념도

int ** ppa;
int *pa;
int a;
	a = 10;
	pa = &a;
	ppa = &pa;
		*pa = 20;
		(**ppa)++;
			int **ppa;
			ppa [&pa] → pa [&a] →
			pointer to pointer

5.3 문자열 : 문자 배열

문자열은 문자들의 연속으로 반드시 널(null) 문자('\0')로 끝난다. 문자열은 char 배열이나 char의 포인터 형식으로 사용된다. 배열을 이용하는 경우에 **배열의 크기는**

문자들의 개수보다 1은 커야한다. 이것은 문자열의 끝에 '\0'를 꼭 넣어야 하기 때문이다.

예: "good"이라는 문자열은 다음과 같이 저장된다.

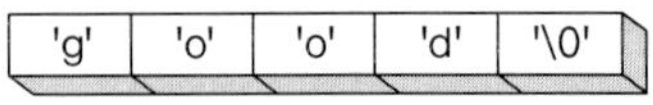

문자열 관련 함수들은 〈string.h〉 파일에 선언되어 있다. 다음은 문자열 처리에 많이 사용되는 함수들이다.

- char *strcat(char *dst, const char *src); - dst 문자열에 src 문자열을 합친다.
- char *strncat(char *dst, const char *src, size_t n); - dst 문자열에 src 문자열 중에서 n 바이트를 합친다.
- char *strchr(const char *s, int c); - 문자열 s에서 문자 c가 처음 나타나는 곳의 주소를 리턴한다.
- int strcmp(const char *s1, const char *s2); - 문자열 s1과 s2를 비교한다. s1이 크면 양수를, s2가 크면 음수를, 같은 경우에는 0을 리턴한다.
- int strncmp(const char *s1, const char *s2, size_t n); - 두 개의 문자열 s1과 s2를 n 바이트 비교한다.
- char *strcpy(char *dst, const char *src); - dst 주소에 src 문자열을 복사한다.
- char *strncpy(char *dst, const char *src, size_t n); - dst 주소에 src 문자열의 n 바이트 복사한다.
- char *strdup(const char *s1); - s1 문자열을 복사해서 주소를 리턴한다.
- size_t strlen(const char *s); - s 문자열의 길이를 리턴한다. 이때 '\0'은 포함하지 않고 순수 문자열의 길이를 리턴한다.
- char *strtok(char *s1, const char *s2); - 문자열 s1에서 s2를 구별자(delemeter)로 해서 토큰을 분리한다.
- size_t strcspn(const char *s1, const char *s2); - 문자열 s1이 문자열 s2의 문자를 전혀 포함하지 않는 처음 세그먼트의 길이를 리턴한다.
- size_t strspn(const char *s1, const char *s2); - 문자열 s1 중에서 문자열 s2의 문자들로만 구성된 처음 세그먼트의 길이를 리턴한다.
- char *strpbrk(const char *s1, const char *s2); - 문자열 s1에서 문자열 s2에 해당하는 것이 있으면, 그곳의 주소를 리턴한다.
- char *strstr(const char *s1, const char *s2); - 문자열 s1에서 s2가 처음 나타나

는 곳의 위치를 리턴한다. null을 리턴하면 매치되는 곳이 없다.

- char *strtok_r(char *s1, const char *s2, char **lasts); - strtok()과 동일하지만,문자열 끝에서부터 토큰을 자른다.

다음 함수들은 문자열을 숫자로 변경하는 경우에 사용되는 함수들이다. 이 함수들은 〈stdlib.h〉 파일에 선언되어 있다.

- long atol(const char *str); - 문자열을 long형의 숫자로 변환한다.
- int atoi(const char *str); - 문자열을 int형의 숫자로 변환한다.

다음 예제 프로그램은 문자열을 처리하기 위한 함수들의 사용법을 보여준다. 문자열 복사, 문자열 길이, 문자열 비교 등의 작업을 수행할 때 필요한 함수들의 사용법을 파악해둬야 한다.

예제: strcat.c

```
#include <stdio.h>
#include <stdlib.h>
#include <string.h>

main() {
   char * string1 = "hello";
   char * string2 = "world";
   char * string3;

   /** malloc을 이용해서 string3을 위한 공간을 잡아둔다. **/
   string3 = (char *)malloc(sizeof(char)*255);

   /** string1의 문자열을 string3에 복사한다. **/
   strcpy(string3, string1);

   /** string2의 문자열을 string3의 문자열에 결합시킨다. **/
   strcat(string3, string2);
   printf("string1 + string2: %s :: 길이: %d\n", string3, strlen(string3));

   /** strcpy를 이용해 string1의 문자열을 string3에 복사한다. **/
   strcpy(string3, string1);
   printf("string1를 string3로 복사: %s\n", string3);

   /** strdup을 이용해 string1의 문자열을 string3에 복사한다. **/
```

```
    string3 = strdup(string2);
    printf("string2를 string3로 복사: %s\n", string3);

    /** strcmp를 이용해서 두 문자열을 비교한다.
    리턴 값이 0이면 두 문자열이 같다. **/
    if(strcmp(string1, string3) !=0)
       printf("%s과 %s는 서로 다름\n", string1, string3);
    else
       printf("%s과 %s는 서로 같음\n", string1, string3);
}
```

결과

```
C:\> strcat.exe
string1 + string2: helloworld :: 길이: 10
string1를 string3로 복사: hello
string2를 string3로 복사: world
hello과 world는 서로 다름
```

5.4 심화 학습

5.4.1 배열을 이용한 스택

스택(stack)은 후입선출(LIFO, Last In First Out) 개념의 자료 구조이다. 즉, 스택에서는 가장 나중에 넣은 것만 꺼내서 사용할 수 있다. 스택은 원소를 넣기 위한 push와 가장 위에 있는 원소를 꺼내기 위한 pop 기능을 갖고 있다. 다음 그림은 스택에서 push와 pop의 개념을 보여준다.

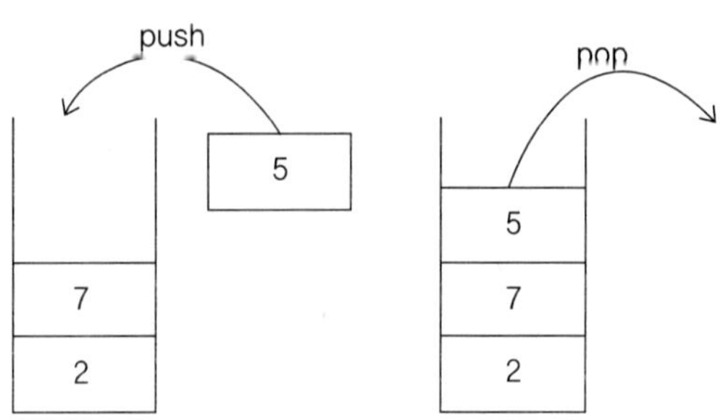

그림 5-2. 스택의 push와 pop

배열을 이용하면 스택을 구현할 수 있다. 배열을 일정 크기로 선언하고, top이라는 변수가 다음에 값을 저장할 위치를 기억하도록 함으로써 push와 pop 기능을 만들 수 있다. 즉, push에서는 배열의 top 위치에 값을 넣고, pop에서는 top 바로 밑에 있는 값을 꺼내면 된다.

예제: stack.c

```
#include <stdio.h>
#define SIZE 20                 /* 스택의 크기 */

double stack[SIZE];             /* double형 배열로 스택 구현 */
int    top = 0;                 /* 스택의 가장 끝 위치를 지시하는 변수 */

int push(double item) {         /* item 값을 스택에 넣고, top을 하나 증가 */
   if(top == SIZE) {
      return 0;
   }
   stack[top] = item;
   top++;
   return 1;
}

double pop() {                  /* top 감소시키고, 최근 것 꺼냄 */
   double v;
   if(top == 0) {               /* 스택이 비어 있으면 0 리턴 */
      return 0;
   }
   top--;
   return stack[top];
}

double peek() {                 /* pop으로 꺼낼 수 있는 값이 어떤 것인지 검사*/
   if(top == 0) {
      return 0;                 /* 스택이 비어 있으면 0 리턴 */
   }
   return stack[top-1];
}

int is_empty() {                /* 스택이 비었는지 여부 검사 */
   if(top == 0) {
      return 1;                 /* 비어 있는 경우에 1 리턴 */
   } else {
      return 0;
```

```
37     }
38 }
39
40 main() {
41     push(10);
42     push(20);
43     push(12.3);
44     while(!is_empty()) {
45         printf("%f\n", pop());
46     }
47 }
```

설명

```
8     if(top == SIZE) {
9         return 0;
```

스택이 꽉 찬 경우에 0을 리턴한다.

```
11     stack[top] = item;
12     top++;
```

스택의 가장 상위에 item 값을 넣고, top 값을 증가시킨다.

```
21     top--;
22     return stack[top];
```

top 값을 하나 감소시키고, 가장 상위에 있는 값을 리턴한다.

```
29     return stack[top-1];
```

peek() 함수는 가장 상위의 값을 보는 것이기 때문에 top의 값은 변경하지 않고, 가장 상위(top-1 위치)의 값을 리턴한다.

```
41     push(10);
```

스택에 값을 넣는다.

```
44     while(!is_empty()) {
45         printf("%f\n", pop());
```

스택에서 모든 값을 꺼내서 출력한다.

결과

```
C:\> stack.exe
12.300000
20.000000
10.000000
```

5.4.2 배열을 응용한 보드 게임

배열을 이용하면 보드 게임을 만들 수 있다. 대부분의 보드 게임은 N * M 행렬 형태로 구성되어 있고, 행렬의 각 원소 값에 따라 표현하는 내용을 다르게 함으로써 게임을 표현할 수 있다. 예를 들어, 바둑의 경우에 바둑돌이 없는 경우에는 0으로 표현하고, 흰돌이 있는 경우에는 1, 검은돌이 있는 경우에는 −1 값을 두면, 바둑 게임을 표현할 수 있다.

책에서는 복잡한 보드 게임을 작성할 수 없기 때문에 3 * 3 크기의 작은 오셀로 게임을 만들어 보도록 하자. 이 오셀로 게임은 연속으로 3개를 먼저 선점하는 경우에 이기는 게임이다. 컴퓨터는 임의의 좌표에 자신의 마크를 입력하고, 사용자는 자신이 원하는 좌표를 입력함으로써 자신의 마크를 입력할 수 있다.

예제: board.c

```
#include <stdio.h>
#include <stdlib.h>
#define ROW 3
#define COL 3

/* 게임판을 위한 배열을 전역 변수로 선언 */
char board[ROW][COL];

/* 게임이 끝났는지 확인. 게임이 끝나면 1을 리턴 */
int check() {
    int i, k;
    int same;

    /* 한 행을 만들었는지 검사 */
    for(i = 0; i < ROW; i++) {
        int c = board[i][0];
        if(c == '_') {
            continue; /* 다음 행 검사 */
        }

        same = 1;
        for(k = 0; k < COL; k++) {
            if(c != board[i][k]) {
                same = 0;
                break;
```

```
            }
        }
        if(same == 1) {
            return 1;
        }
    }

    /* 한 열을 만들었는지 검사 */
    for(i = 0; i < COL; i++) {
        int c = board[0][i];
        if(c == '_') {
            continue; /* 다음 열 검사 */
        }

        same = 1;
        for(k = 0; k < ROW; k++) {
            if(c != board[k][i]) {
                same = 0;
                break;
            }
        }
        if(same == 1) {
            return 1;
        }
    }
    return 0;
}

/* 컴퓨터가 임의의 자리에 돌을 둠 */
void play() {
    int r , c ;

    r = rand() % ROW;
    c = rand() % COL;

    while(1) {
        if(board[r][c] == '_') {
            board[r][c] = 'X';
            return;
        }
        r = rand() % ROW;
        c = rand() % COL;
    }
}
```

```
/* board 배열의 내용을 출력 */
void print() {
   int i, k;

   for(i=0; i < ROW; i++) {
      for(k = 0; k < COL; k++) {
         printf("%c \t", board[i][k]);
      }
      printf("\n");
   }
   printf("\n\n\n");
}

/* 사용자가 돌을 놓음(좌표값 입력을 통해서)  */
int user_play() {
   int r, c; /* 좌표값 입력용 */
   while(1) {
      printf("<행 번호> <열 번호>:");
      scanf("%d%d", &r, &c);
      if((1 <= r && r <= ROW) &&
         (1 <= c && c <= COL)) {
         if(board[r-1][c-1] == '_') {
            board[r-1][c-1] = '0';
            break;
         }
      }
      printf("%d와 %d 사이 숫자를 입력해주세요.\n\n", 1, ROW);
   }
   print();
   return check();
}

/* 컴퓨터가 돌을 놓음 */
int computer_play() {
   play();
   print();
   return check();
}

main() {
   int i, k;
   int done; /* 승패가 결정됐는지 여부 */

   /* 배열 내용을 '_'으로 초기화 */
   for(i = 0; i < ROW; i++) {
```

```
116         for(k = 0; k < COL; k++) {
117             board[i][k] = '_';
118         }
119     }
120     print();
121     k = 0;
122     while(k < 9) {
123         done = user_play(); /* 사용자 돌을 놓음 */
124         if(done) {
125             printf("You win!!\n\n");
126             break;
127         }
128         k++;
129         if(k >= 9) {
130             printf("Even\n");
131             break;
132         }
133         done = computer_play(); /* 컴퓨터가 돌을 놓음 */
134         if(done) {
135             printf("You loose!!\n\n");
136             break;
137         }
138         k++;
139     }
140 }
```

설명

```
2 #include <stdlib.h>
```
rand() 함수를 사용하기 위해서 표준 라이브러리 헤더 파일을 인클루드한다.

```
7 char board[ROW][COL];
```
게임판을 위한 문자 이차원 배열을 3 x 3 크기로 전역 변수로 선언한다.

```
10 int check() {
```
한 행 혹은 한 열이 동일한 문자로 마크되면 게임이 끝나기 때문에 board 배열에 대해서 검사를 실시한다. 게임이 끝나면 1을 리턴하고, 그렇지 않은 경우에는 0을 리턴한다.

```
16         int c = board[i][0];
```
i행의 0열의 문자를 파악한다.

```
17         if(c == '_') {
18             continue; /* 다음 행 검사 */
```
i행 0열의 문자가 '_'인 경우에는 더 이상 검사할 필요가 없기 때문에 다음 행으로 넘어간다.

```
23          if(c != board[i][k]) {
24            same = 0;
```

i행에서 c 문자(i행 0열 문자)와 다른 것이 있으면, same은 0으로 지정한다.

```
58    r = rand() % ROW;
```

컴퓨터는 임의의 좌표에 돌을 놓는다. rand()는 임의의 수를 만들어 내는 함수이다.

```
72 void print() {
```

게임판의 상태를 볼 수 있게 출력하는 함수이다.

```
89        scanf("%d%d", &r, &c);
```

행과 열 번호를 입력받는다.

```
90        if((1 <= r && r <= ROW) &&
91           (1 <= c && c <= COL)) {
```

행과 열의 범위에 맞는 숫자를 입력했는지 파악한다.

```
129        if(k >= 9) {
130          printf("Even\n");
131          break;
```

사용자와 컴퓨터가 9번 돌을 두면, 게임판에 돌이 모두 찼기 때문에 while 문을 빠져나온다.

결과

```
C:\> board.exe

_    _    _
_    _    _
_    _    _


<행 번호> <열 번호>:1 1
O    _    _
_    _    _
_    _    _


O    _    _
_    _    _
_    _    X


<행 번호> <열 번호>:2 2
O    _    _
_    O    _
_    _    X
```

제6장

구조체와 열거형

학습목표

이 장은 C 언어의 구조체, 공용체, 열거형을 배운다.

1. 구조체 개념 및 구조체 관련 연산자
2. 공용체 및 열거형 사용 방법
3. 동적 메모리 할당 방법

6.1 구조체

6.1.1 순서도를 통한 구조체 개념 파악하기

구조체에 대한 개념을 1장에서 간단히 언급하였는데, 이장에서 구체적으로 배울 것이다. 6.1.1절에서는 구조체의 개념을 다시 알아보기 위해서 1장에서 배운 내용을 중복해서 언급하도록 한다.

배열이 동일한 형태의 자료를 많이 표현할 때 (예를 들어, 50명의 수학성적) 편리한 것이 비해 구조체는 한 개의 개념이면서 종류가 다른 값이 여러 개 사용될 때 필요한 것이다. 예를 들어, 연락처 관리를 위해서 필요한 "친구"라는 것은 개념적으로 하나로 표현될 수 있지만, 내부적으로는 "이름(문자열)", "나이(정수)", "전화번호(문자열)" 등의 정보를 필요로 한다. 이처럼 개념적으로는 명확하지만, 내부에 여러 개의 정보로 구성된 것은 구조체를 사용한다. 구조체는 배열과는 달리 다른 종류 값이 여러 개 사용되고, 구조체 안에 포함된 값을 사용할 때는 점(.)을 기술한다. s가 "친구"라는 구조체인 경우에 다음과 같이 점(.)을 이용해서 값을 할당하거나 사용할 수 있다.

예: s는 친구에 대한 구조체 변수

```
s.name = "홍길동"          /* strcpy(s.name, "홍길동") */
```

```
s.age = 21
s.tel = "010-123-4567"      /* strcpy(s.tel, "010-123-4567") */
```

순서도 1-12는 이름, 나이, 전화번호 정보를 갖는 "친구" 구조체 변수 s를 선언하고, 각 항목에 값을 할당하고, 이를 출력하는 것을 보여준다("친구" 구조체를 어떻게 선언하는지는 6.1.2절에서 배운다).

순서도 1-12	설명
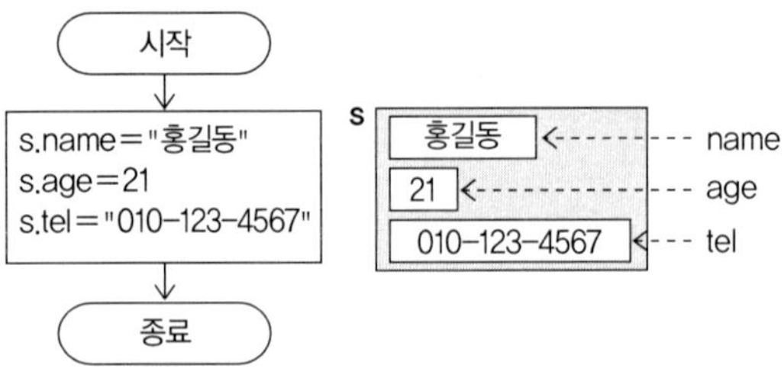	배열과는 달리 다른 종류 값이 여러 개 사용되는 것을 **구조체**라고 한다. 구조체 안에 포함된 값을 사용할 때는 점(.)을 기술한다. s.name = "홍길동" s.age = 21 s.tel = "010-123-4567"

학급에서 "친구 연락처" 목록을 만든다고 가정해 보자. 이러한 경우에는 "친구"에 대한 정보가 여러 개 사용되기 때문에 친구 구조체의 배열로 만들어서 사용할 수 있다. 순서도 1-13은 친구 구조체의 배열 m을 사용해서 각 항목에 값을 넣고, 이것을 반복을 이용해서 출력하는 것이다.

순서도 1-13	설명
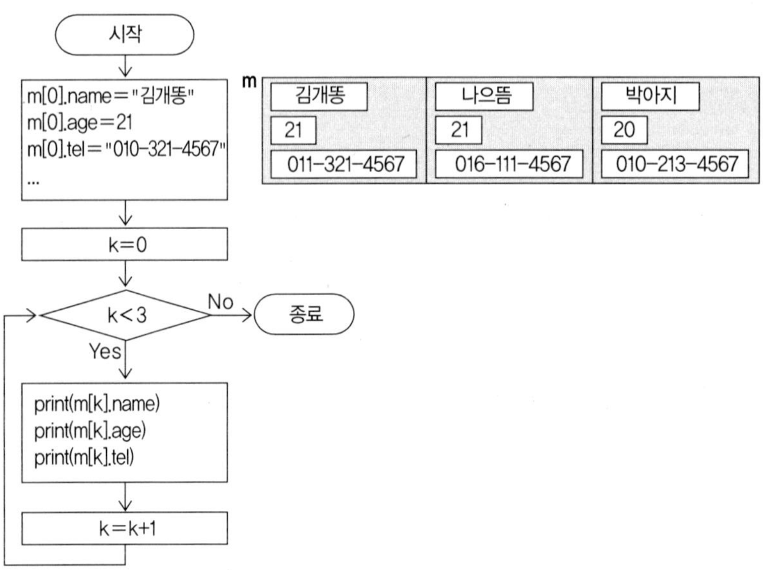	구조체의 배열을 사용한다.

6.1.2 구조체 선언

C 언어에서 ***구조체(struct)***는 서로 관련 있으면서 다른 이름과 자료형을 갖는 요소들을 모아 놓은 것을 의미한다. 구조체를 다른 프로그래밍 언어에서는 레코드(record)라고도 한다. 구조체는 필요에 의해서 사용자가 정의할 수 있는 자료형이다. 따라서 구조체를 선언하고, 변수를 구조체 자료형으로 선언할 수 있다.

구조체를 사용하는 경우에 몇 가지 장점을 가지고 있다. 첫째로 구조체를 사용하는 경우에 서로 연관된 데이터들을 묶어서 하나의 단위로 취급할 수 있다. 따라서 프로그래머는 쉽게 데이터를 표현할 수 있고, 기억할 수 있다. 둘째로 구조체는 구조체 대입(structure assignment)이 가능하다. 셋째로 구조체는 함수의 매개 변수와 리턴타입으로 사용될 수 있다.

C 언어에서 구조체를 선언하기 위해서는 struct라는 키워드를 사용하며, 중괄호({ }) 안에 구조체에 포함될 변수의 자료형과 이름을 기술한다. 구조체는 다음과 같은 형태로 선언할 수 있다. 형태에서 [ ] 부분은 생략할 수 있는 내용이고, 이탤릭체는 사용자가 변경해야 할 부분이다.

형태: 구조체 선언

```
struct [ 구조체이름 ] {
    자료형   변수이름;
    .....
} [ 구조체변수이름 ] ;
```

구조체를 선언하는 방법을 좀더 구체적으로 알아보자. 수학에서 배우는 복소수의 숫자 하나는 실수부와 허수부로 구분되어 있기 때문에 구조체를 이용해서 표현할 수 있다. 복소수를 위한 구조체를 complex라고 이름을 붙이고, 실수부와 허수부를 표현하기 위한 멤버는 real과 imag라는 이름을 사용하도록 하자. 이런 경우에 complex라는 구조체는 다음 예와 같이 선언할 수 있다.

예: 복소수 구조체 선언

```
struct complex {
    double real;
    double imag;
};
```

구조체를 선언한 다음에는 구조체를 자료형으로 갖는 변수를 선언할 수 있다. 주의할 점은 구조체 변수를 선어할 때는 struct라는 키워드를 사용해야 한다는 것이다. 다음은 구조체 변수를 선언 형태를 보여준다.

형태: 구조체 변수 선언

```
struct 구조체이름  변수이름 ;
```

앞에서 선언한 complex 구조체를 이용해서 변수를 정의하는 방법을 알아보자. 다음 예는 정수, 문자, 구조체 변수를 선언하는 방법을 보여준다. 기본 자료형과 구조체 변수는 선언하는 방법의 차이점에 주의하기 바란다.

예: 변수 선언

```
int            a;      /*  정수 변수 a 선언      */
struct complex  c;     /*  구조체 complex타입의 c  */
```

구조체를 선언하고, 변수를 선언하는 것은 다음과 같이 정리할 수 있다.

표 6-1 구조체 선언과 구조체 변수 선언

	구조체 선언	구조체 변수 선언

형태	struct [구조체이름] {
	  자료형 변수이름;
	  .....
	} [구조체변수이름] ;
		struct *구조체이름 변수이름* ;

사용 예	struct complex {
	  double real;
	  double imag;
	};
		int a;
		char b;
		struct complex c;

다음은 친구 정보(이름, 나이, 전화번호)를 구조체로 표현하고, 구조체 변수에 값을 할당하는 방법을 보여준다. 이름이나 전화번호와 같이 문자열을 사용해야 하는 경우에는 직접 값을 할당하지 말고, strcpy() 함수를 사용해서 문자열을 복사하도록 한다.

표 6-2 구조체 선언과 구조체 변수 선언

구조체 선언	구조체 변수 선언 및 사용

struct friend {
  char name[10];
  int age;
  char tel[14];
};
	struct friend s;
	
	strcpy(s.name, "홍길동");
	s.age = 21;
	strcpy(s.tel, "010-123-4567");

다음은 1장에서 작성한 내용을 C 프로그램으로 변환한 것이다. 즉, 구조체에 값을 넣고, 구조체 내용을 출력하는 순서도를 C 프로그램으로 작성한 것이다. 구조체 사용하는 방법을 익혀두면, 지금까지 배운 것과 유사하다는 것을 알 수 있다.

순서도 2-12

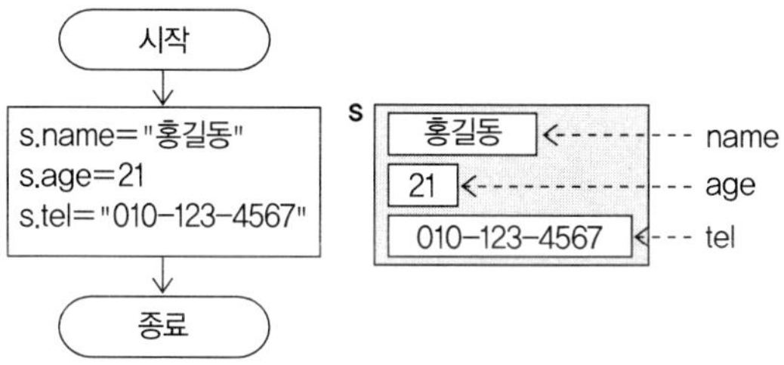

C 언어 프로그램(friend.c)

```
1 #include <stdio.h>
2 #include <string.h>
3 main() {
4   struct friend {
5     char name[10];
6     int  age;
7     char tel[14];
8   };
9   struct friend s;
10   strcpy(s.name, "홍길동");
11   s.age = 21;
12   strcpy(s.tel, "010-123-4567");
13   printf("%s\n", s.name);
14   printf("%d\n", s.age);
15   printf("%s\n", s.tel);
16 }
```

설명

```
4  struct friend {
5    char name[10];
6    int  age;
7    char tel[14];
8  };
```
friend 구조체를 선언한다.

```
9  struct friend s;
```
구조체 변수 s를 선언한다.

```
10  strcpy(s.name, "홍길동");
```
구조체 변수 s의 name 멤버에 "홍길동" 문자열을 복사한다.

```
11  s.age = 21;
```
구조체 변수 s의 age 멤버에 21 값을 넣는다.

```
13  printf("%s\n", s.name);
```
구조체 변수 s의 name 멤버 값을 출력한다.

처리해야 할 정수가 50개 있는 경우에 배열을 사용하듯이 친구들이 많은 경우에 친구 정보를 구조체 배열을 이용해서 처리할 수 있다. 구조체 배열은 정수 배열과 유사하게 구조체 변수에 배열 크기를 기술하면, 선언할 수 있다. 다음은 친구 구조체에 대한 크기 3인 배열을 선언한 것이다.

예: 구조체 배열 선언 및 사용

```
struct friend m[3];   /* 구조체 배열 선언 */
m[0].age = 20;        /* 배열의 첫 번째 구조체의 age 멤버에 값 할당 */
```

다음은 구조체 배열에 값을 할당하고, 배열을 순회하면서 구조체의 내용을 출력하는 순서도를 C 언어 프로그램으로 변환한 것이다. 구조체 배열을 선언하는 방법과 사용하는 방법에 대해서 주의 깊게 살펴보기 바란다.

순서도 2-13

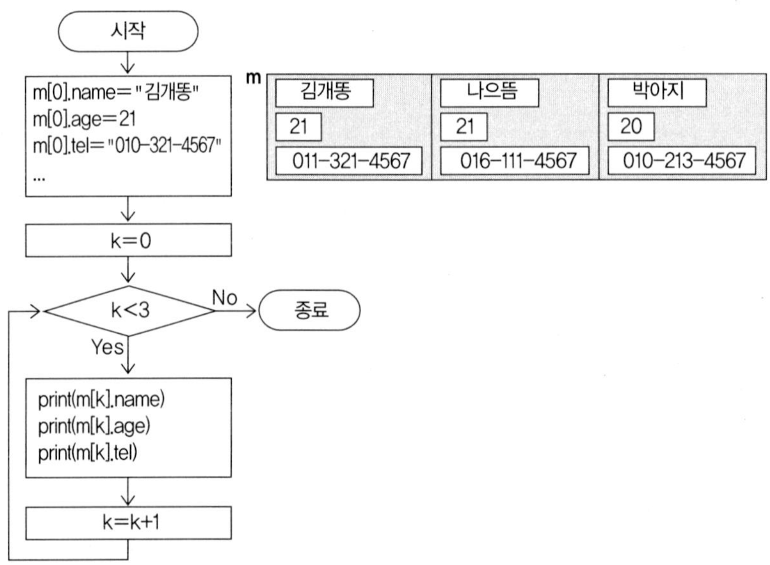

C 언어 프로그램(friend_list.c)

```
#include <stdio.h>
#include <string.h>
main() {
  struct friend {
    char name[10];
    int  age;
    char tel[14];
  };
  struct friend m[3];
  int k;

  strcpy(m[0].name, "김개똥");
  m[0].age = 21;
  strcpy(m[0].tel, "011-321-4567");

```

```
16   strcpy(m[1].name, "나으뜸");
17   m[1].age = 21;
18   strcpy(m[1].tel, "016-111-4567");
19
20   strcpy(m[2].name, "박아지");
21   m[2].age = 20;
22   strcpy(m[2].tel, "010-213-4567");
23
24   k = 0;
25   while(k < 3) {
26     printf("%s\t", m[k].name);
27     printf("%d\t", m[k].age);
28     printf("%s\n", m[k].tel);
29     k = k + 1;
30   }
31 }
```

설명

```
9   struct friend m[3];
```

friend 구조체의 배열(크기 3)을 선언한다.

```
12   strcpy(m[0].name, "김개똥");
```

배열 0번째의 name 필드에 "김개똥" 값을 복사한다.

```
26     printf("%s\t", m[k].name);
```

배열 m의 k 번째에서 name 필드의 값을 출력한다.

결과

```
C:\> friend_list.exe
김개똥 21     011-321-4567
나으뜸 21     016-111-4567
박아지 20     010-213-4567
```

6.2 구조체 관련 연산자

6.2.1 멤버 연산자('.')

구조체 안에는 여러 개의 멤버가 존재할 수 있고, 멤버의 자료형은 C 언어의 자료형이면 어느 것이든지 사용할 수 있다. 구조체 변수에서 각 멤버의 내용을 접근하기 위해서 사용되는 연산자가 멤버 연산자이다. 만일 name이 구조체 변수의 이름이고, member는 구조체에 선언된 멤버라면, 다음과 같은 형태로 멤버를 접근할 수 있다. 멤버 연산자는 나중에 배울 공용체에 대해서도 같은 방식으로 사용된다.

형태: 멤버 연산자

변수이름.멤버

다음 예는 멤버 연산자를 사용하는 방법을 보여준다. 예에서 물건의 코드 번호와 가격 정보를 item이라는 구조체로 선언하고, 구조체 변수로 myitem을 선언한다. myitem 변수의 code와 cost라는 멤버에 값을 할당하기 위해서 멤버 연산자를 사용한다.

구조체 선언	멤버 연산자를 통한 접근

struct item {
  int code;
  int cost;
};
	struct item myitem;
	myitem.code = 1212;
	myitem.cost = 500;

6.2.2 간접 멤버 연산자('->')

구조체를 사용할 때 구조체의 포인터를 사용하는 경우에는 간접 멤버 연산자(->)를 사용해서 멤버에 접근할 수 있다. 예를 들어, pmyitem이 item 구조체를 위한 포인터인 경우에 item 구조체의 code 멤버를 접근하기 위해서는 pmyitem->code 형태로 사용한다. 다음 예는 간접 멤버 연산자를 사용하는 방법을 보여준다.

구조체 선언	간접 멤버 연산자를 통한 접근

struct item {
  int code;
  int cost;
};
	struct item myitem;
	struct item* pitem ;
	  ...
	pitem = &myitem;
	pitem->code = 1212;
	pitem->cost = 500;

위의 예를 실행하는 경우에 pitem->cost에 500 값이 저장되어 있을 것이다. pitem->cost는 myitem.cost, (*pitem).cost와 동일한 값을 가리킨다.

다음 예제는 복소수를 위한 complex 구조체를 선언하고, 구조체에 대한 포인터를 이용해서 간접 연산자를 사용하는 방법을 보여준다. 또한 구조체에 대해서 할당 연산자를 사용하는 방법을 보여주는데, C 언어에서는 할당 연산자(=)를 통해서 구조체 전체의 값을 복사해주는 기능을 제공한다.

예제: complex.c

```
1 #include <stdio.h>
2
3 struct complex {
4       int real;
5       int imag;
6 };
7
8 main() {
9       struct complex a, b, *c;
10
11      a.real = 3;
12      a.imag = 4;
13      printf("a.real = %d \t a.imag = %d \n\n", a.real, a.imag);
14
15      b = a;                          /* 구조체 할당 */
16      printf("b.real = %d \t b.imag = %d \n\n", b.real, b.imag);
17
18      c = &a;                         /* a의 주소 값을 c에 할당 */
19      a.real = 7;
20      a.imag = 8;
21      printf("a.real = %d \t a.imag = %d \n", a.real, a.imag);
22      printf("c->real = %d \t c->imag = %d\n", c->real, c->imag);
23 }
```

설명

```
9       struct complex a, b, *c;
```

구조체 변수 a와 b를 선언하고, 구조체 포인터 변수 c를 선언한다.

```
11      a.real = 3;
```

구조체 변수 a의 real에 멤버 연산자(.)를 이용해서 값을 할당한다.

```
15      b = a;                          /* 구조체 할당 */
```

할당 연산자를 이용해서 구조체 변수 a의 값을 구조체 변수 b에 값을 할당한다.

```
18      c = &a;                         /* a의 주소 값을 c에 할당 */
```

구조체 포인터 변수 c에 a의 주소 값을 할당함으로써 c가 a를 가리키도록 한다.

```
22      printf("c->real = %d \t c->imag = %d\n", c->real, c->imag);
```

구조체 포인터 변수 c는 간접 연산자(->)를 이용해서 멤버의 값에 접근할 수 있다.

결과

```
C:\> complex.exe
```

```
a.real = 3    a.imag = 4
b.real = 3    b.imag = 4
a.real = 7    a.imag = 8
c->real = 7    c->imag = 8
```

6.3 구조체 선언 방법

앞에서 구조체를 선언하는 가장 일반적인 방법을 알아보았다. 구조체는 여러 가지 형태로 선언할 수 있기 때문에 이곳에서는 다양한 방법으로 구조체를 선언하는 방법을 배우도록 하자.

첫 번째 방법은 가장 일반적인 형태로 구조체의 이름을 기술하고, 이름을 이용해서 구조체 변수 x와 y를 선언하는 방법이다.

방법 1.

```
struct complex {
    double real;
    double imag;
};

struct complex x, y;
```

두 번째 방법은 구조체 선언과 변수 선언을 동시에 하는 방법이다. 이처럼 구조체와 변수를 동시에 선언하기 위해서는 변수 이름을 구조체가 끝나는 중괄호(}) 뒤에 변수 이름을 기술한다.

방법 2.

```
struct complex {
    double real;
    double imag;
} x , y ;
```

세 번째 방법은 두 번째 방법을 응용하고, 구조체 이름을 생략하는 방법이다. 즉, complex 구조체에서 complex라는 구조체 이름을 생략해서 이름이 없는 구조체로 만든 것이다. 또한 변수는 구조체 선언 끝에 기술한다.

방법 3.

```
struct {
    double real;
    double imag;
} x , y ;
```

네 번째 방법은 구조체 선언과 typedef를 같이 사용하는 경우에다. typedef를 사용하는 경우에는 구조체를 완전히 새로운 자료형으로 선언할 수 있다. 이때에는 구조체 끝에 새로운 자료형 이름(COMPLEX)를 기술하고, 변수를 선언할 때는 새로운 자료형(COMPLEX)을 사용한다.

방법 4.

```
typedef struct complex {
    double real;
    double imag;
} COMPLEX;

COMPLEX x, y;
```

다섯 번째 방법은 네 번째 방법에서 구조체 이름을 생략한 것이다.

방법 5.

```
typedef struct {
    double real;
    double imag;
} COMPLEX;

COMPLEX x, y;
```

구조체는 내부에 다른 자료형들을 멤버로 가질 수 있다. 그러나 자기 자신을 내부의 멤버로 포함할 수는 없다. 이렇게 자신을 내부의 멤버로 포함하는 경우에는 구조체 내부가 무한히 커지기 때문에 사용할 수 없는 것이다.

예: 잘못 선언된 구조체

```
struct S {
    int a;
```

```
    struct S next;
};
```

구조체들을 연결하기 위해서는 구조체 내부에 포인터를 멤버로 사용함으로써 해결할 수 있다. 즉, 다음은 올바른 구조체 선언이다.

예: 올바른 구조체

```
struct S {
    int a;
    struct S * next;
};
```

배열과 유사하게 구조체도 중괄호({ })를 이용해서 초기화할 수 있다. 다음은 좌표를 표현하기 위한 point라는 구조체를 선언하고, mypoint라는 변수에 값을 초기화하는 방법을 보여준다.

예: 구조체 선언과 초기화

```
struct point {
    int x;
    int y;
};

struct point mypoint = { 10, 20 };     /* 구조체 초기화 */
```

6.4 공용체과 열거형

6.4.1 공용체(union)

같은 저장 장소에 경우에 따라 다른 형의 자료를 저장할 필요가 있는 경우에 사용된다. 즉, 공용체는 여러 개의 이름으로 동일한 장소를 공유해서 사용한다. 공용체는 다음과 같은 특징을 갖고 있다.

1. 키워드를 union을 사용하는 것을 제외하고 선언 및 사용법은 구조체와 유사하다.
2. 한 순간에 하나의 멤버만 가질 수 있다.
3. 메모리 공간은 가장 큰 멤버를 저장할 수 있을 만큼 크다.
4. 여러 형태의 자료형을 가질 수 있는 융통성이 있다.

다음은 공용체를 선언하고, 사용하는 방법을 보여준다. 사용 예에서 information에는 age와 year라는 2개의 멤버를 가지고 있지만, 실제로 사용할 때는 둘 중의 하나만 사용할 수 있다. 즉, value 변수를 union information 자료형으로 지정한 경우에 value.age 혹은 value.year 둘 중의 하나만 사용할 수 있고, 두개를 동시에 사용할 수는 없다. 이것은 age와 year가 이름은 2개이지만, 동일한 공간을 사용하기 때문이다. 일반적으로 공용체는 외부에 별도의 변수를 두고, 변수값에 따라서 공용체 내부의 어떤 값을 사용할지를 결정한다.

	공용체 선언	공용체 변수 사용

선언 형태	union *공용체이름* {
	자료형 변수명 ;
	자료형 변수명 ;
	};
		union *공용체이름 변수이름*;

사용 예	union information {
	int age;
	int year;
	};
		union information value;

다음은 공용체를 사용하는 방법을 보여주기 위한 예제 프로그램이다. 학생 정보를 표현하는 student 구조체를 사용하고, 학생 정보 중에서 나이 혹은 학년 정보를 사용하기를 원하기 때문에 이를 공용체로 표현한다.

예제: union_test.c

```
#include <stdio.h>
#include <string.h>
#include <malloc.h>
#define AGE 1
#define YEAR 2

union information {
   int age;
   int year;
};

struct student {
   char name[20];
   int infortype;
```

```
15    union information value;
16    struct student * next;
17 };
18
19 main() {
20    struct student lee, *p, *i;
21
22    lee.infortype = AGE;
23    strcpy(lee.name, "이승실");
24    lee.value.age = 22;
25    lee.next = NULL;
26
27    p = (struct student *)malloc(sizeof(struct student));
28    strcpy(p->name, "신목포");
29    p->infortype = AGE;
30    p->value.age = 22;
31    p->next = NULL;
32    lee.next = p;
33    i = p;
34
35    p = (struct student *)malloc(sizeof(struct student));
36    p->infortype = YEAR;
37    strcpy(p->name, "사오정");
38    p->value.year = 1;
39    p->next = NULL;
40    i->next = p;
41
42    i = &lee;
43    while(i) {
44       printf("i->name : %s\n", i->name);
45       if(i->infortype == AGE)
46          printf("i->value(나이) : %d\n", i->value.age);
47       else if(i->infortype == YEAR)
48          printf("i->value(학년) : %d\n", i->value.year);
49       else
50          printf("잘못된 자료형\n");
51
52       printf("\n");
53       i = i->next;
54    }
55 }
```

설명

7 union information {

```
    int age;
    int year;
```
information이라는 공용체를 선언한다.

```
struct student {
    char name[20];
    int infortype;
    union information value;
```
student 구조체는 공용체를 위한 value 멤버가 있고, value 공용체의 값이 어떤 것인지를 파악하기 위해서 infortype이라는 별도의 멤버를 둔다.

```
    lee.infortype = AGE;
    strcpy(lee.name, "이숭실");
    lee.value.age = 22;
```
infortype에 AGE 값을 저장함으로써 value 공용체가 age 멤버를 사용한다는 것을 기술한다.

```
    p->infortype = YEAR;
    strcpy(p->name, "사오정");
    p->value.year = 1;
```
infortype에 YEAR 값을 저장함으로써 value 공용체에서 year 멤버를 사용한다는 것을 알린다.

결과

```
C:\> union_test.exe
i->name : 이숭실
i->value(나이) : 22

i->name : 신목포
i->value(나이) : 22

i->name : 사오정
i->value(학년) : 1
```

6.4.2 열거형(enum)

열거형은 단순한 정수 대신에 의미가 있는 열거형 상수를 사용해서 프로그램을 이해하기 쉽도록 한다. 즉, 열거형을 사용하면, 열거형 변수는 제시된 값들 중에서 하나를 사용해야 하며, 값들은 이름이 있기 때문에 쉽게 의미를 파악할 수 있는 장점을 갖고 있다. 다음 표는 열거형을 선언하고, 열거형 자료형으로 변수를 선언 및 활용하는 방법을 보여준다.

	공용체 선언	공용체 변수 사용
선언 형태	enum [열거형이름] { id [=value], ...};	enum *열거형이름* *변수명* ;
사용 예	enum Color {RED, GREEN, BLUE};	enum Color c; .. c = RED;

컴파일러는 enum 선언에서 나열된 열거 상수 각각에 대해 정수값을 할당한다. 첫 번째 상수는 0을 두 번째 상수는 1을 할당한다. 이 값은 프로그래머가 명확히 지시하는 경우에는 프로그래머가 지정한 값을 할당하게 된다.

예제: enum_test.c

```
#include <stdio.h>

main() {
   enum days {Sun, Mon, Tue, Wed, Thu, Fri, Sat};
   enum days today;

   today = Sun;
   printf("Put 0~6:");
   scanf("%d", &today);
   switch(today) {
      case Sun:
         printf("It is Sun.\n");
         break;
      case Mon:
         printf("It is Mon.\n");
         break;
      case Tue:
         printf("It is Tue.\n"),
         break;
      case Wed:
         printf("It is Wed..\n");
         break;
      case Thu:
         printf("It is Thu.\n");
         break;
      case Fri:
         printf("It is Fri.\n");
         break;
```

```
29         case Sat:
30             printf("It is Sat.\n");
31             break;
32         default:
33             printf("Wrong answer.\n");
34     }
35 }
```

설명

```
4     enum days {Sun, Mon, Tue, Wed, Thu, Fri, Sat};
5     enum days today;
```

days라는 열거형을 선언하고, today 변수를 days 열거형으로 선언한다.

```
7     today = Sun;
```

today 변수는 열거형에서 제시한 값들 중에서 하나를 사용할 수 있다.

결과

```
C:\> enum_test.exe
Put 0~6: 4
It is Thu.
```

6.5 구조체 고급 과정

6.5.1 구조체와 정적 메모리 할당

변수에 값을 저장하기 위해서는 적당한 크기의 메모리를 할당받아야 한다. C 언어에서는 컴파일 시에 메모리를 할당받는 정적 메모리 할당과 프로그램 실행시에 메모리를 할당할 수 있는 동적 메모리 할당 방법이 있다. ***정적 메모리 할당은 변수를 선언***함으로써 메모리 할당이 이루어지고, ***동적 메모리 할당은 malloc() 관련 함수를 이용해서 프로그램 실행 시에 메모리를 할당***할 수 있다.

다음은 학생 정보를 구조체로 표현하고, 값을 출력하는 예제 프로그램이다. 예제 프로그램에서 구조체 변수 stu를 선언함으로써 학생에 대한 구조체를 정적으로 메모리 할당을 받는 것을 보여준다.

예제: student.c

```
1 #include <stdio.h>
2 #include <string.h>
3 struct student {
4    char name[20];
5    int  age;
6    int  year;
7    struct student * next;
8 };
9
10 main() {
11    struct student stu, *index;
12
13    strcpy(stu.name, "홍길동");
14    stu.age = 20;
15    stu.year = 1;
16    stu.next = NULL;
17
18    index = &stu;
19    while(index != NULL) {
20       printf("index->name :%s\n", index->name);
21       printf("index->age :%d\n", index->age);
22       printf("index->year :%d\n", index->year);
23       index = index->next;
24       printf("\n");
25    }
26 }
```

설명

```
11    struct student stu, *index;
```

student 구조체 변수 stu와 구조체 포인터 변수 index를 선언한다. stu 변수는 student 구조체에 해당하는 메모리를 할당받는다.

```
18    index = &stu;
```

구조체 포인터 index에 stu 변수의 주소를 할당한다.

결과

```
C:\> student.exe
index->name :홍길동
index->age :20
index->year :1
```

6.5.2 구조체와 동적 메모리 할당

프로그램 실행 시에 동적으로 메모리를 할당하기 위해서는 malloc() 함수를 사용해서 메모리를 할당받아야 한다.

다음 예제는 정적 할당과 동적 할당을 같이 사용한 프로그램이다. 신목포 학생에 대해서는 정적 할당을 사용하였고, 이숭실 학생에 대해서는 동적 할당을 사용한다.

예제: student2.c

```
#include <stdio.h>
#include <string.h>
struct student {
    char name[20];
    int  age;
    int  year;
    struct student * next;
};

main() {
    struct student stu, *pstu, *index;

    strcpy(stu.name, "신목포");
    stu.age = 20;
    stu.year = 1;
    stu.next = NULL;

    pstu = (struct student *) malloc(sizeof(struct student));
    strcpy(pstu->name, "이숭실");
    pstu->age = 19;
    pstu->year = 1;
    pstu->next = NULL;

    stu.next = pstu;
    index = &stu;
    while(index != NULL) {
        printf("index->name :%s\n", index->name);
        printf("index->age :%d\n", index->age);
        printf("index->year :%d\n", index->year);
        index = index->next;
        printf("\n");
    }
```

```
33 }
```

설명

```
18    pstu = (struct student *) malloc(sizeof(struct student));
```

메모리를 동적으로 할당받기 위해서 malloc() 함수를 사용한다. pstu에는 할당받는 메모리의 주소가 저장된다.

```
19    strcpy(pstu->name, "이숭실");
```

새로 할당받은 구조체 메모리 공간의 name 멤버에 "이숭실" 문자열을 복사한다.

결과

```
C:\> student2.exe
index->name :신목포
index->age :20
index->year :1

index->name :이숭실
index->age :19
index->year :1
```

다음 예제 프로그램은 동적 할당을 통해서 많은 학생들의 정보를 키보드로 입력받아서 관리하는 프로그램이다.

예제: dynamic_student.c

```
#include <stdio.h>
#include <string.h>

struct student {
   char name[20];
   int  age;
   int  year;
   struct student * next;
};

main() {
   struct student *p, *head, *temp;
   char name[20], end;
   int  age, year;
```

```
15    head = p = temp = NULL;
16
17    while(1) {
18       printf("이름:");
19       scanf("%s", name);
20       printf("나이:");
21       scanf("%d", &age);
22       printf("학년:");
23       scanf("%d", &year);
24
25       temp = (struct student *) malloc(sizeof(struct student));
26       if(head == NULL) {
27          head = temp;
28          p = temp;
29       } else {
30          p->next = temp;
31          p = temp;
32       }
33
34       strcpy(temp->name, name);
35       temp->age = age;
36       temp->year = year;
37       temp->next = NULL;
38
39       fflush(stdin);
40       printf("더 입력하시겠습니까? (Y/N):");
41       end = getchar();
42       if(end != 'Y'  && end != 'y') {
43          break;
44       }
45    }
46    temp = head;
47    printf("\n\n==========입력된 데이터===========\n");
48    while(temp) {
49       printf("이름 :%s\n", temp->name);
50       printf("나이 :%d\n", temp->age);
51       printf("학년 :%d\n", temp->year);
52       temp = temp->next;
53       printf("\n");
54    }
55 }
```

설명

```
12    struct student *p, *head, *temp;
```

head는 첫 구조체에 대한 주소를 저장하기 위한 포인터 변수이다. temp는 새로 할당받은 구조체에 대한 주소를 저장하기 위한 포인터 변수이다. p는 가장 최근에 할당받은 구조체에 대한 주소를 저장하기 위한 포인터 변수이다.

```
15    head = p = temp = NULL;
```
초기에는 head, p, temp 변수의 값을 NULL로 지정한다.

```
25        temp = (struct student *) malloc(sizeof(struct student));
```
student 구조체에 대한 메모리를 할당받고, 주소를 temp에 저장한다.

```
26        if(head == NULL) {
27            head = temp;
28            p = temp;
```
head가 NULL인 경우에(즉, 아직까지 만든 것이 없는 처음임), head에 방금 메모리 할당받은 곳의 주소(temp)를 저장한다. 또한 p에도 temp의 값을 저장한다.

```
29        } else {
30            p->next = temp;
31            p = temp;
```
그렇지 않은 경우에(즉, 기존에 만든 것이 있는 경우에) 마지막에 추가한 구조체(p가 가리키는 곳)의 next 멤버의 값으로 temp를 저장한다. 마지막에 p가 temp 값을 갖도록 해서 p가 방금 전에 생성한 구조체를 가리키도록 한다.

```
37        temp->next = NULL;
```
temp의 next는 NULL 값을 넣어서 temp가 마지막임을 표현한다.

```
39        fflush(stdin);
```
키보드 입력 버퍼에 있는 내용을 비운다.

```
41        end = getchar();
```
키보드에서 한 글자를 읽는다.

```
46    temp = head;
```
temp가 head의 값을 가짐으로써 첫 번째 student 구조체를 가리키도록 한다.

```
48    while(temp) {
```
temp의 값이 NULL이 아닐 동안에

```
52        temp = temp->next;
```
temp가 다음 것을 가리키도록 한다.

결과

```
C:\> dynamic_student.exe
이름:홍길동
```

```
나이:21
학년:1
더 입력하시겠습니까? (Y/N):Y
이름:김개똥
나이:20
학년:1
더 입력하시겠습니까? (Y/N):N

==========입력된 데이터===========
이름 :홍길동
나이 :21
학년 :1

이름 :김개똥
나이 :20
학년 :1
```

6.5.3 내포된 구조체

구조체 내부에는 다른 자료형들을 사용할 수 있기 때문에 다른 구조체도 포함할 수 있다. 구조체 내부에 다른 구조체가 포함된 경우에 사용 방법은 기존 구조체를 사용하는 것과 동일하다.

내포된 구조체 선언 예	내포된 구조체 사용 예

struct S {
    struct T { int a, b; } x;
};
	struct S a;
	a.x.a = 10;
	a.x.b = 20;

다음 예제는 내포된 구조체를 사용하는 방법과 내포된 구조체에 대해서 초기화하는 방법을 제시하는 프로그램이다.

예제: nestedstruct.c

```
#include <stdio.h>

main() {
```

```
4     struct S {
5        struct T {
6           int a;
7           int b;
8        } x;
9        int y;
10    };
11
12    struct S a = { { 10, 20}, 30 };
13
14    printf("a.x.a = %d\n", a.x.a);
15    printf("a.x.b = %d\n", a.x.b);
16    printf("a.y = %d\n", a.y);
17 }
```

설명

```
4     struct S {
5        struct T {
6           int a;
7           int b;
8        } x;
9        int y;
```

구조체 S는 멤버 x와 y를 갖고 있다. 이때 x는 구조체 T의 자료형을 갖는다.

```
12    struct S a = { { 10, 20}, 30 };
```

구조체 S의 변수 a를 선언하고, 멤버의 값을 초기화한다. 멤버 x는 구조체이기 때문에 중괄호를 다시 사용해서 내부 값을 초기화한다.

결과

```
C:\> nestedstruct.exe
a.x.a = 10
a.x.b = 20
a.y = 30
```

6.5.4 구조체를 함수 매개 변수로 전달하기

구조체 변수를 선언할 수 있는 것과 같이 구조체는 함수의 매개 변수로 전달할 수도 있다. 이때 구조체 값이 함수의 매개 변수로 값이 복사되기 때문에 구조체가 큰 경우에는 공간과 시간이 많이 소모되는 문제가 발생할 수 있다.

다음의 passing_struct.c 예제는 구조체를 매개 변수로 전달하는 내용을 보여주는 프로그램이다.

예제: passing_struct.c

```
1  #include <stdio.h>
2
3  struct da {
4     int x, y, z;
5  };
6
7  int total ( struct da tot ) {
8     return ( tot.x + tot.y + tot.z );
9  }
10
11 main() {
12    struct da val = { 10, 30, 50 };
13    int sum = 0;
14    sum = total ( val );
15    printf("Sum = %d\n",sum);
16 }
```

설명

```
3  struct da {
4     int x, y, z;
```

3개의 정수로 구성된 구조체를 선언한다.

```
7  int total ( struct da tot ) {
8     return ( tot.x + tot.y + tot.z );
```

total() 함수는 구조체 매개 변수를 받고, 세 멤버의 값을 합해서 리턴한다.

```
12    struct da val = { 10, 30, 50 };
```

구조체 변수를 선언하고, 초기화한다.

```
14    sum = total ( val );
```

구조체 변수를 매개 변수값으로 전달한다.

결과

```
C:\> passing_struct.exe
Sum = 90
```

구조체를 사용하는 경우에 함수 호출에서 구조체를 직접 매개 변수로 전달할 수도 있지만, 일반적으로 구조체의 포인터를 전달하는 경우가 많다. 다음의 passing_pointer.c 예제는 함수의 매개 변수로 구조체 포인터를 전달하는 방법을 보여준다.

예제: passing_pointer.c

```
1 #include <stdio.h>
2
3 struct da {
4    int x, y, z;
5 };
6
7 int total ( struct da *tot) {
8    return ( tot->x + tot->y + tot->z );
9 }
10
11 main( ) {
12    struct da val = { 10, 30, 50 };
13    int sum = 0;
14    sum = total (&val);
15    printf("Sum = %d\n",sum);
16 }
```

설명

```
7 int total ( struct da *tot) {
8    return ( tot->x + tot->y + tot->z );
```

구조체의 포인터를 매개 변수로 받고, 간접 연산자를 이용해서 멤버들의 합을 리턴한다.

```
12    struct da val = { 10, 30, 50 };
```

구조체를 선언하고, 값을 초기화한다.

```
14    sum = total (&val);
```

함수 호출 시에 구조체의 주소를 전달한다.

결과

```
C:\> passing_pointer.exe
Sum = 90
```

6.5.5 구조체 크기

구조체의 크기는 구조체 내부의 멤버 자료형들의 크기의 합으로 계산할 수 있다. 그런데 멤버들의 자료형의 크기가 다른 경우에는 큰 자료형 단위로 계산이 이루어진다.

구조체	크기	설명

`struct A {`
`  char c1;`
`  char c2;`
`};`
	2	구조체 A는 문자 자료형의 멤버 2개를 가지고 있기 때문에 크기는 2이다.

`struct B {`
`  char c1;`
`  char c2;`
`  double  a;`
`};`
	16	구조체 B는 문자 2개와 double 1개를 멤버로 갖고 있다. double은 크기가 8이고, 문자는 각각 1이기 때문에 합은 10이지만, 큰 자료형인 double의 크기 단위로 할당되기 때문에 16이 할당된다.

`struct C {`
`  char c1;`
`  char c2;`
`  int  value[5];`
`};`
	24	구조체 C에는 문자 멤버를 위해 2, 정수 배열을 위해 20(4 * 5개)이 필요해서 합이 22이지만, 큰 자료형인 정수를 단위로 하기 때문에 24가 된다.

제7장

파일 입출력

학습목표

이 장은 C 언어에서 표준 입출력 함수를 이용해서 파일 입출력하는 방법을 배운다.

1. 표준 입출력 API
2. 표준 입출력을 활용한 문제 해결

7.1 파일 입출력

7.1.1 파일 열고 닫기

지금까지 우리는 보드로부터 입력받고, 화면으로 출력하는 프로그램들은 작성해 보았다. 이제는 파일(file)에서 데이터를 읽고, 파일에 데이터를 출력하는 방법을 알아보도록 하자. ***파일(file)***이란 **기억 장치에서 논리적인 단위로 취급되는 자료들의 모임**을 의미한다.

파일 입출력을 수행하기 위해서 C 언어는 2가지 방법을 이용할 수 있다. 첫 번째 방법은 C 언어의 입출력 라이브러리를 이용하는 것이고, 다른 방법은 운영체제에서 제공하는 시스템 호출(system call)을 이용하는 것이다. 그림 7-1은 하드디스크에 저장된 파일 내용을 C 프로그램에서 읽는 개념을 보여준다. C 프로그램에서 파일 내용을 읽기 위해서는 운영체제의 지원을 받아야 하고, C 프로그램에서는 운영체제에서 지원하는 함수(시스템 호출)를 이용하거나 C 언어에서 지원하는 표준 함수를 이용해야 한다.

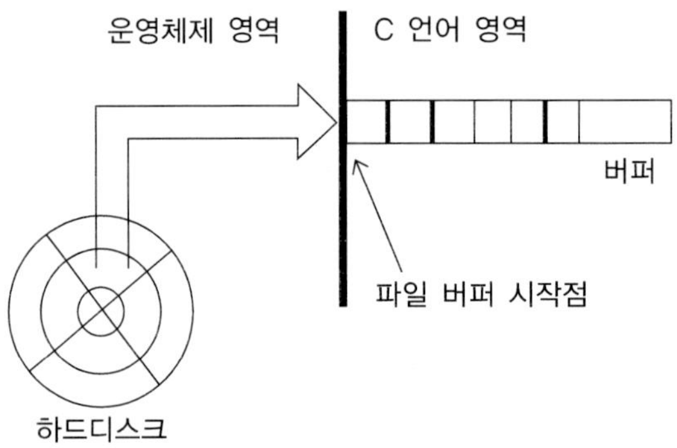

그림 7-1. 파일 입출력 개념

표준 입출력 함수와 시스템 호출은 다음과 같은 차이점들이 있다. 책에서는 C 언어에서 제공하는 표준 입출력 함수를 사용하는 방법을 배워보도록 하자.

표 7-1 시스템 호출과 표준 입출력 함수 비교

표준 입출력 함수	시스템 호출
이식성이 좋다.	이식이 어렵다.
고수준의 함수이다.	저수준의 함수이다.
다양한 읽기, 쓰기 함수가 존재한다.	함수의 수가 제한적이다.
버퍼링을 이용한다.	버퍼링을 이용하지 않는다.
FILE 구조체를 이용한다.	파일 디스크립터를 이용한다.

표준 입출력 함수를 이용하는 경우는 FILE 구조체를 사용해서 파일 입출력을 수행할 수 있다. FILE 구조체는 열려진 파일에 관련된 정보를 가지고 있지만, 프로그래머는 FILE 구조체를 사용하지만 내부적인 내용은 알 필요가 없다.

FILE 구조체와 표준 입출력 함수를 사용하면 입출력은 다음과 같은 단계를 통해 이루어진다.

1. stdio.h 헤더 파일을 include 한다.
2. 입출력할 파일을 위해 FILE * 타입의 변수를 선언한다.
3. fopen() 함수를 이용해서 파일을 연다.
4. 입출력을 수행한다.
5. fclose() 함수를 이용해서 파일을 닫는다.

다음 표는 C 언어의 표준 입출력 함수를 이용해서 파일 입출력을 하기 위해서 필요한

내용들을 보여준다.

표 7-2 표준 입출력을 위해 필요한 내용

항목	내용
헤더 파일	stdio.h
변수 선언	FILE *fp
파일 열기	fopen()
파일 닫기	fclose()
읽기	fread()
쓰기	fwrite()

표준 입출력 함수를 이용해서 파일을 읽기 위해서 가장 먼저 해야 할 일은 파일을 여는 것이다. 파일을 열기 위해서는 fopen() 함수를 이용하는데, 다음과 같은 3가지 형태가 존재한다. 함수를 호출한 결과는 파일에 대한 FILE 포인터이고, 이것은 파일 내용을 읽고, 쓰고, 파일을 닫을 때 사용된다.

- FILE *fopen(const char *filename, const char *type)
- FILE *freopen(const char *filename, const char *type, FILE *stream)
- FILE *fdopen(int fildes, const char *type)

파일 열기 함수에서 type의 값은 다음과 같은 값을 가질 수 있으며, 다음과 같은 의미를 갖는다.

- "r" : 읽기용으로 연다.
- "w" : 파일을 생성하고, 쓰기용으로 연다. 파일이 존재하면 그 파일은 없어진다.
- "a" : 추가용으로 연다. 파일이 없으면 새로 생성한다.
- "r+" : 이미 존재하는 파일을 읽기쓰기(갱신)용으로 연다.
- "w+" : 파일을 생성하고 갱신용으로 연다.
- "a+" : 파일을 추가용, 갱신용으로 연다. 파일이 없으면 생성한다.
- "rb" : 이진 파일을 읽기용으로 연다.
- "wb" : 이진 파일을 쓰기용으로 연다.
- "ab" : 이진 파일을 추가용으로 연다. 없으면 생성한다.
- "rb+" : 이미 존재하는 이진 파일을 갱신용으로 연다.
- "wb+" : 이진 파일을 생성하고 갱신용으로 연다.

파일을 닫기 위해서는 다음과 같은 fclose() 함수를 사용한다. 파일은 작업이 끝나면 반드시 닫아야 한다.

- int fclose(FILE *stream) : 파일을 닫는다.

다음은 파일을 열고, 닫는 것을 보여주는 예제 프로그램이다. FILE * 타입의 변수를 사용하는 방법을 익혀두어야 한다.

예제: file_open.c

```
1 #include <stdio.h>
2
3 main(int argc, char ** argv) {
4    FILE *fp;
5
6    if(argc == 1) {
7       printf("사용법: %s  <파일 이름>\n", argv[0]);
8       return 0;
9    }
10
11    fp = fopen(argv[1], "r");
12    if(fp == NULL) {
13       printf("파일 열기 에러\n");
14       return 0;
15    }
16
17    /* 파일 관련 작업 */
18
19    fclose(fp);
20    printf("%s 파일 열고, 닫음\n", argv[1]);
21 }
```

설명

```
4    FILE *fp;
```

FILE 구조체 포인터 변수를 선언한다.

```
11    fp = fopen(argv[1], "r");
```

파일을 읽기 전용으로 연다.

```
19    fclose(fp);
```

파일을 닫는다.

```
결과
C:\> file_open.exe  file_open.c
file_open.c 파일 열고, 닫음
```

7.1.2 파일 입출력 함수

파일을 연 다음에는 원하는 작업에 따라서 파일 내용을 읽거나 쓸 수 있다. 파일에서 데이터를 읽기 위해서는 다음과 같은 함수들을 이용한다.

- size_t fread(void *ptr, size_t size, size_t nitems, FILE *stream) : 파일에서 nitems개의 내용을 읽어서 ptr에 저장한다.
- int fgetc(FILE *stream) : 파일에서 문자를 읽는다.
- int getw(FILE *stream) : 파일에서 정수를 읽는다.
- int fscanf(FILE *strm, const char *format, ...) : 파일에서 scanf() 형태로 내용을 읽는다.
- char *fgets(char *s, int n, FILE *stream) : 파일에서 문자열을 읽는다.

파일에 데이터를 쓰기 위해서는 다음과 같은 함수들을 이용한다.

- size_t fwrite(const void *ptr, size_t size, size_t nitems, FILE *stream) : 파일에 nitems 개의 내용을 출력한다.
- int fputc(int c, FILE *stream) : 파일에 문자를 출력한다.
- int putw(int w, FILE *stream) : 파일에 정수를 출력한다.
- int fprintf(FILE *strm, const char *format, /* args */ ...) : printf()과 유사한 방식으로 파일에 출력한다.
- int fputs(const char *s, FILE *stream) : 파일에 문자열을 출력한다.

파일에서 데이터를 읽는 프로그램을 작성해 보도록 하자. 다음의 file_read.c 프로그램은 파일 내용을 읽고, 화면에 출력하는 프로그램이다.

예제: file_read.c

```
1  #include <stdio.h>
2  #define MAXSIZE 128
3
4  main(int argc, char ** argv) {
5     FILE *fp;
6     char buffer[MAXSIZE];
7     int  num;
8
9     if(argc == 1) {
10             printf("사용법: %s <읽을 파일 이름>\n", argv[0]);
11             return 0;
12    }
13
14    fp = fopen(argv[1], "r");
15    if(fp == NULL) {
16       printf("파일 열기 에러: %s\n", argv[1]);
17       return 1;
18    }
19
20    while((num = fread(buffer, 1, MAXSIZE-1, fp)) > 0) {
21       buffer[num] = '\0';
22       printf("%s", buffer);
23    }
24    fclose(fp);
25 }
```

설명

```
5     FILE *fp;
```

FILE 포인터 타입 fp 변수를 선언한다.

```
6     char buffer[MAXSIZE];
```

읽은 내용을 임시로 저장할 문자 배열을 선언한다.

```
14    fp = fopen(argv[1], "r");
```

아규먼트로 전달받은 이름의 파일을 읽기 전용으로 연다. 이때 리턴 값은 fp 변수에 저장한다.

```
15    if(fp == NULL) {
16       printf("파일 열기 에러: %s\n", argv[1]);
17       return 1;
```

fp 값이 NULL인 경우에는 파일을 열지 못했다는 것을 의미한다. 이때에는 perror() 함수를 이용해서 에러 메시지를 출력하고, return 해서 프로그램을 종료한다.

```
20    while((num = fread(buffer, 1, MAXSIZE-1, fp)) > 0) {
```
fread() 함수를 이용해서 파일 내용을 읽고, 내용을 buffer 배열에 저장한다. fread() 함수의 리턴 값은 읽은 데이터의 크기이다.

```
21        buffer[num] = '\0';
```
buffer 배열의 끝에 문자열 끝을 표현하기 위한 '\0' 값을 저장한다.

```
24    fclose(fp);
```
작업이 끝나면, 파일을 닫는다.

결과

```
C:\> file_read.exe file_read.c
#include <stdio.h>
#define MAXSIZE 128
...
```

파일에 데이터를 쓰는 프로그램을 작성해 보도록 하자. 파일에 데이터를 쓰기 위해서는 파일을 열 때 쓰기용으로 열어야 한다. 또한 fwrite() 함수를 이용해서 데이터를 파일에 기록한다. 다음은 파일 읽기와 쓰기를 이용해서 파일을 복사하는 예제 프로그램이다.

예제: file_copy.c

```
#include <stdio.h>
#define MAXSIZE 256

main(int argc, char *argv[]) {
   FILE *fpin, *fpout;
   char buffer[MAXSIZE];
   int  num;

   if(argc < 3) {
      printf("사용법: file_copy filename filename\n");
      return;
   }

   fpin = fopen(argv[1], "r");
```

```
15     fpout = fopen(argv[2], "w");
16     if(fpin == NULL || fpout == NULL) {
17        perror("fopen");
18        exit(1);
19     }
20
21     while((num = fread(buffer, 1, MAXSIZE, fpin)) > 0) {
22        fwrite(buffer, 1, num, fpout);
23     }
24
25     fclose(fpin);
26     fclose(fpout);
27     printf("%s 파일로 복사 완료\n", argv[2]);
28  }
```

설명

```
5     FILE *fpin, *fpout;
```

읽기 파일과 쓰기 파일을 위한 FILE 포인터 타입의 변수를 선언한다.

```
14    fpin = fopen(argv[1], "r");
```

첫 번째 파일을 읽기 전용으로 연다.

```
15    fpout = fopen(argv[2], "w");
```

두 번째 파일을 쓰기 전용으로 연다.

```
21    while((num = fread(buffer, 1, MAXSIZE, fpin)) > 0) {
22       fwrite(buffer, 1, num, fpout);
```

첫 번째 파일에서 읽은 내용을 두 번째 파일에 기록한다.

```
25    fclose(fpin);
26    fclose(fpout);
```

작업이 끝나는 경우에 파일을 닫는다.

결과

```
C:\> file_copy file_copy.c ff.txt
ff.txt 파일로 복사 완료
```

메모장에서 ff.txt 파일을 열어보면, 파일 내용이 복사된 것을 확인할 수 있다.

7.2 scanf()/fscanf()를 이용한 입출력

scanf()를 이용해서 표준 입력에서 자료형에 따라 값을 읽을 수 있듯이 fscanf()는 파일에서 자료형에 따라 값을 읽을 수 있다. scanf()와 fscanf()는 모두 C 표준 입출력에서 지원하기 때문에 표준 입출력 헤더(〈stdio.h〉)를 인클루드해서 사용할 수 있다.

- int scanf(const char *restrict format, ...); - 포맷에 따라 표준 입력에서 값을 읽는다.
- int fscanf(FILE *restrict stream, const char *restrict format, ...); - 포맷에 따라 파일에서 값을 읽는다.

파일에 성적 데이터가 다음의 score.dat 파일과 같이 정수로 저장되어 있다고 가정해 보자. 정수 데이터들이 저장되어 있기 때문에 지금까지 사용해온 scanf()을 파일에 적용해서 사용할 수 있는 fscanf() 함수를 사용할 수 있다.

예제: score.dat

```
90 85 70 87 60 94 80 93 100 76
```

다음은 score.dat 파일에 저장된 점수를 읽고, 배열에 저장해서 평균을 구하는 예제 프로그램이다. 파일에서 데이터를 읽을 때 fscanf()를 이용하면, scanf()를 사용하는 것과 유사하게 사용할 수 있다.

예제: score_avg.c

```c
#include <stdio.h>
#define NUM 10

main() {
  FILE *fp;
  int score[NUM];
  int k, sum;
  double avg;

   fp = fopen("score.dat", "r");
   if(fp == NULL) {
     printf("파일 열기 에러: score.dat \n");
     return 1;
   }
```

```
15
16     for(k = 0; k < NUM; k++) {
17         fscanf(fp, "%d", &score[k]);
18     }
19
20     sum = 0;
21     for(k = 0; k < NUM; k++) {
22         printf("%d", score[k]);
23         sum = sum + score[k];
24     }
25     avg = ((double)sum) / NUM;
26     printf("\n평균 = %f \n", avg);
27
28     fclose(fp);
29 }
```

설명

```
16     for(k = 0; k < NUM; k++) {
17         fscanf(fp, "%d", &score[k]);
```

데이터의 수만큼 fscanf()를 이용해서 정수를 읽는다.

결과

```
C:\> score_avg.exe
90 85 70 87 60 94 80 93 100 76
평균 = 83.500000
```

다음은 파일이 좀 더 복잡한 형태로 구성되어 있는 경우를 살펴보자. 다음의 age.dat 파일은 이름과 나이가 저장되어 있다. 이때 이름과 나이 사이에는 탭(\t) 문자로 구별되어 있고, 한 줄에 한 사람의 정보만 저장되어 있다고 가정하자.

예제: age.dat

```
홍길동 20
김개똥 21
신나라 22
나제일 20
김삿갓 24
```

위의 age.dat 파일과 같이 규격화된 포맷으로 저장된 데이터의 경우에도 fscanf() 함수를 이용해서 데이터를 내용에 맞게 읽을 수 있다. 다음은 fscanf()를 이용해서 이름과 나이를 별도로 읽는 방법을 보여준다.

예제: read_age.c

```
1 #include <stdio.h>
2 #define NUM 10
3
4 main() {
5    FILE *fp;
6    char name[NUM];
7    int age;
8
9    fp = fopen("age.dat", "r");
10   if(fp == NULL) {
11      printf("파일 열기 에러: age.dat \n");
12      return 1;
13   }
14
15   while(fscanf(fp, "%s\t%d\n", name, &age)!=EOF) {
16      printf("%s : %d \n", name, age);
17   }
18   fclose(fp);
19 }
```

설명

```
15    while(fscanf(fp, "%s\t%d\n", name, &age)!=EOF) {
```

파일이 끝날 때까지 읽는다. 데이터를 읽을 때 문자열(이름)을 읽고, 다음 필드(나이)와는 탭(\t)으로 구별되며, 마지막은 줄바꿈(\n)이 있다.

결과

```
C:\> read_age.exe
홍길동 : 20
김개똥 : 21
신나라 : 22
나제일 : 20
김삿갓 : 24
```

7.3 gets()/fgets()를 이용한 입출력

표준 C 라이브러리는 한 줄 단위로 문자열을 읽을 수 있는 gets()와 fgets() 함수를 제공한다. gets()와 fgets()는 표준 입출력 헤더 파일(〈stdio.h〉)을 인클루드해서 사용할 수 있다.

- char * gets(char *buf); - 표준 입력에서 한 줄의 문자열을 읽어서 buf에 저장한다. 리턴 값은 문자열을 읽는 경우에 buf와 같지만, 더 이상 읽을 것이 없는 경우에는 NULL 값을 리턴한다.
- char * fgets(char * buf, int max, FILE * fin); - 파일에서 한 줄의 문자열을 읽는다. 나머지 사항은 gets()와 동일하다.

다음은 fgets() 함수를 이용해서 파일 내용을 읽어서 표준 출력으로 출력하는 예제 프로그램이다.

예제: read_line.c

```
1 #include <stdio.h>
2 #define LEN 1024
3
4 main(int argc, char ** argv) {
5   FILE * fin;
6   char  line[LEN];
7   char * cp;
8
9   if(argc == 1) {
10           printf("사용법: %s <읽을 파일 이름>\n", argv[0]);
11           return 0;
12  }
13
14  fin = fopen(argv[1], "r");
15  while((cp = fgets(line, LEN, fin))) {
16     printf("%s", line);
17  }
18  fclose(fin);
19 }
```

설명

```
15  while((cp = fgets(line, LEN, fin))) {
16     printf("%s", line);
```

파일에서 한 줄씩 읽어서 화면에 출력한다. 더 이상 읽을 것이 없으면 cp에 NULL 값이 리턴되고, 이때 while 문을 빠져나간다.

결과

```
C:\> read_line.exe read_line.c
#include <stdio.h>
```

```
#define LEN 1024
...
```

대부분의 응용 프로그램들은 환경을 설정하기 위한 파일들을 가지고 있으며, 이 파일 내용에 따라 동작 방식이 결정된다. 예를 들어, 아파치 웹 서버의 경우에 httpd.conf 파일에는 아파치 웹 서버가 실행될 때 필요한 정보들을 가지고 있다. 대부분의 환경 설정 파일들은 환경 변수의 이름과 값의 쌍으로 표현된다. 다음의 server.conf 파일은 응용 프로그램의 환경 설정 파일의 예이다.

예제: server.conf

```
# 다음은 포트 번호입니다.
#
port 7690
#
# 다음은 서버 이름입니다.
#
server it.mokpo.ac.kr
#
# 다음은 관리자 메일입니다.
#
admin admin@it.mokpo.ac.kr
#
```

응용 프로그램에서 환경 설정 파일을 사용하는 경우에 환경 설정 파일에 있는 내용을 읽어올 필요가 있다. 이때 환경 설정 파일의 내용을 쉽게 접근할 수 있는 다음과 같은 C 프로그램은 편리하게 사용될 수 있다.

예제: read_config.c

```
#include <stdio.h>
#include <string.h>
#define LEN 1024
#define NITEM 3

```

```
struct pair {
    char name[20];
    char value[50];
} data[NITEM];

parse(char * fname) {
    FILE * fin;
    char  line[LEN];
    char * cp, *tok;
    int k = 0;

    fin = fopen(fname, "r");
    if(fin == NULL) {
        printf("%s 파일 열기 에러\n", fname);
        return;
    }

    while((cp = fgets(line, LEN, fin))&& k < NITEM) {
        if(*cp == '#') continue;
        tok = strtok(line, " =\t\n");
        strcpy(data[k].name, tok);
        tok = strtok(NULL, " =\t\n");
        strcpy(data[k].value, tok);
        k++;
    }
    fclose(fin);
}

char * get_value(char *name) {
    int k;
    for(k=0; k < NITEM; k++) {
        if(strcmp(data[k].name, name)==0)
            return data[k].value;
    }
    return "";
}

main() {
    char * value;
    parse("server.conf");
    value = get_value("port");
    printf("port : %s\n", value);
    value = get_value("server");
    printf("server : %s\n", value);
    value = get_value("admin");
```

```
51     printf("admin : %s\n", value);
52 }
```

설명

```
6 struct pair {
7     char name[20];
8     char value[50];
9 } data[NITEM];
```

구조체 pair를 선언하고, 크기 3인 구조체 배열 data를 선언한다.

```
23     while((cp = fgets(line, LEN, fin)) && k < NITEM) {
```

파일에서 한 줄 단위로 읽는다.

```
24         if(*cp == '#') continue;
```

읽은 줄이 #으로 시작하면 더 이상 읽지 않는다. #으로 시작하면 주석을 의미함.

```
25         tok = strtok(line, " =\t\n");
```

" =\t\n"를 중심으로 토큰을 자르고, 첫 번째 토큰을 tok로 저장한다.

```
26         strcpy(data[k].name, tok);
```

토큰을 구조체의 name 멤버에 저장한다.

```
27         tok = strtok(NULL, " =\t\n");
28         strcpy(data[k].value, tok);
```

다음 토큰을 잘라서 구조체의 value 멤버에 저장한다.

```
34 char * get_value(char *name) {
```

이름에 해당되는 값을 리턴하는 역할을 수행하는 함수

```
37         if(strcmp(data[k].name, name)==0)
38             return data[k].value;
```

구조체 배열에서 이름이 같은 경우에 값을 리턴한다.

결과

```
C:\> read_config.exe
port : 7690
server : it.mokpo.ac.kr
admin : admin@it.mokpo.ac.kr
```

다음은 사용자가 입력한 자료를 구조체 리스트로 관리하고, 이것을 파일에 저장하는 예제 프로그램이다.

예제: student_mgr.c

```
#include <stdio.h>
#define LEN 11

struct student {
    char name[LEN];
    int age;
    int year;
    struct student * next;
};

main() {
    struct student *p, *head, *temp;
    char  name[LEN], end;
    int   age, year;
    FILE *fp;

    fp = fopen("student.dat", "w+");
    if(fp == NULL) {
        printf("파일 열기 에러\n");
        return;
    }

    head = p = temp = NULL;
    while(1) {
        printf("이름:");
        scanf("%s", name);
        printf("나이:");
        scanf("%d", &age);
        printf("학년:");
        scanf("%d", &year);

        temp = (struct student *)malloc(sizeof(struct student));
        if(head == NULL) {
            head = temp;
            p = temp;
        } else {
            p->next = temp;
            p = temp;
        }

        strncpy(temp->name, name, LEN-1);
        temp->age = age;
```

```
43          temp->year = year;
44          temp->next = NULL;
45
46          fprintf(fp, "%s\n", temp->name);
47          fprintf(fp, "%d\n", temp->age);
48          fprintf(fp, "%d\n", temp->year);
49
50          fflush(stdin);
51          printf("\n더 입력하시겠습니까? (Y/N):");
52          end = getchar();
53          if(end == 'N' || end == 'n')
54             break;
55       }
56       printf("\n\n=== student.dat 파일에서 읽은 내용 ===\n");
57       fseek(fp, 0L, SEEK_SET);
58       while(fgets(name, LEN, fp)) {
59          printf("%s", name);
60       }
61       fclose(fp);
62    }
```

설명

```
4  struct student {
```

학생 정보를 위한 구조체를 정의한다.

```
17    fp = fopen("student.dat", "w+");
```

student.dat 파일을 연다.

```
25          printf("이름:");
26          scanf("%s", name);
```

사용자가 키보드에서 입력한 값을 읽는다.

```
32          temp = (struct student *)malloc(sizeof(struct student));
```

동적으로 메모리를 할당받는다.

```
46          fprintf(fp, "%s\n", temp->name);
47          fprintf(fp, "%d\n", temp->age);
```

학생 정보를 fprintf()를 이용해서 파일에 저장한다.

```
50          fflush(stdin);
```

입력 스트림 버퍼의 내용을 지운다.

```
57    fseek(fp, 0L, SEEK_SET);
```

파일 포인터를 처음으로 이동시킨다.

```
    while(fgets(name, LEN, fp)) {
        printf("%s", name);
```

파일 내용을 읽어서 화면에 출력한다.

결과

```
C:\> student_mgr.exe
이름:홍길동
나이:21
학년:2

더 입력하시겠습니까? (Y/N):y
이름:김개똥
나이:20
학년:1

더 입력하시겠습니까? (Y/N):n


=== student.dat 파일에서 읽은 내용 ===
홍길동
21
2
김개똥
20
1

C:\> more student.dat
홍길동
21
2
김개똥
20
1
```

制

제8장

프로세스와 스레드

학습목표

이 장은 프로세스와 스레드의 개념을 배우고 C 언어에 프로세스와 스레드를 구현하는 방법을 배운다.

1. 프로세스와 스레드 개념
2. 프로세스를 생성해서 새로운 프로그램을 실행하는 방법
3. 스레드를 생성해서 동시에 작업하는 방법

8.1 프로세스

8.1.1 프로세스 개념

프로그램(program)이란 "명령어들의 연속(a sequence of instruction)"을 의미한다. 프로그래머에 의해서 작성된 프로그램들은 컴파일 과정을 통해서 실행 파일 형태로 하드디스크에 저장된다. 하드디스크에 저장된 프로그램은 명령어를 통해서 실행되게 된다. 프로그램이 실행되기 위해서는 하드디스크에 있는 프로그램이 메모리로 로드(load)되어야 한다. 이때 "실행 중인 프로그램(program in execution)"을 **프로세스(process)**라고 한다. 따라서 명령어를 입력해서 실행 중인 프로그램은 전부 프로세스인 것이다. 프로세스가 새로운 프로그램을 실행시키기 위해서는 자식 프로세스를 생성할 수 있다. 새로운 프로세스는 서브 프로세스(sub-process) 혹은 자식 프로세스(child process)라고 한다.

새로운 프로그램을 시작하는 가장 간단한 함수는 표준 라이브러리에서 제공하는 system() 함수를 사용하는 것이다. system() 함수의 API는 다음과 같다.

```
#include <stdlib.h>
```

- int system(const char *command); - 명령어를 실행시킨다. 리턴 값은 자식 프로세스의 종료 상태를 의미한다.

다음 system() 함수를 이용해서 메모장 프로그램을 실행시키는 예제 프로그램이다.

예제: system.c

```
#include <stdlib.h>

main() {
   system("C:\\WINDOWS\\notepad.exe");
}
```

결과

```
C:\> system.exe
```

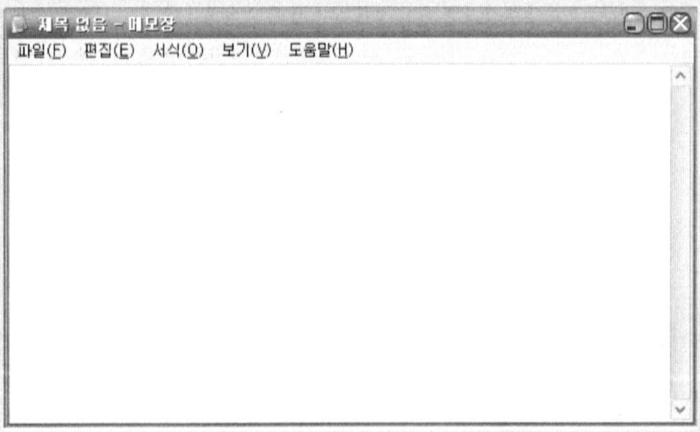

프로세스가 실행하는 중에 환경 변수값을 이용해서 작업을 처리해야 하는 경우가 있다. 이러한 경우에 표준 라이브러리에 선언된 environ이라는 전역 변수를 통해서 값을 접근할 수 있으며, getenv() 함수와 putenv() 함수를 이용해서 환경 변수값을 읽거나 새로 값을 추가할 수 있다.

예제: env.c

```
1 #include <stdio.h>
2 #include <stdlib.h>
3
4 main() {
5     extern char **environ;
6     char **env;
7
8     env = environ;
9
10    while(*env) {
11        printf("%s\n", *env);
12        env++;
13    }
14
15    printf("\n\n");
16
17    putenv("TEST=env");
18    printf("TEST => %s\n", getenv("TEST"));
19 }
```

설명

```
5     extern char **environ;
```

현재 프로세스 환경에서 저장된 환경 변수 정보를 접근하기 위한 전역 변수

```
10    while(*env) {
11        printf("%s\n", *env);
12        env++;
```

환경 변수 이름과 값을 출력한다.

```
17    putenv("TEST=env");
```

새로운 환경 변수 이름(TEST)과 값(env)을 등록한다.

```
18    printf("TEST => %s\n", getenv("TEST"));
```

TEST 환경의 값을 얻어서 출력한다.

결과

```
C:\> env.exe
ALLUSERSPROFILE=C:\Documents and Settings\All Users.WINDOWS
...
TEST => env
```

8.1.2 유닉스/리눅스/cygwin 환경

유닉스/리눅스/cygwin에서는 새로운 프로세스를 생성하기 위해서 fork()라는 시스템 함수(system call)를 사용한다. fork() 함수는 다음과 같은 방법으로 사용할 수 있다.

```
#include <unistd.h>
```

- pid_t fork(void); - 현재 프로세스를 복사해서 새로운 프로세스를 생성한다. 리턴타입은 생성된 프로세스의 번호(프로세스 ID)이다.

다음의 fork1.c 프로그램은 fork() 함수를 통해서 새로운 프로세스를 생성하는 방법을 보여준다.

예제: fork1.c

```
1 #include <stdio.h>
2 #include <unistd.h>
3
4 main() {
5     int pid;
6
7     pid = fork();
8     printf("\n my pid = %d\n", pid);
9 }
```

설명

```
7     pid = fork();
```

fork() 함수를 이용해서 새로운 프로세스를 생성한다. 자식 프로세스는 pid 값으로 0을 갖고, 부모 프로세스는 자식 프로세스의 pid 값을 갖는다.

결과

```
[User@SIMPLE ~]$ fork1.exe
my pid = 0
my pid = 9015
```

다음 예제는 부모 프로세스와 자식 프로세스가 각각 다른 작업을 수행하도록 한 것이다.

예제: fork2.c

```
1 #include <stdio.h>
2 #include <unistd.h>
3
4 main() {
5    int pid;
6
7    pid = fork();
8    if(pid > 0) {
9       printf("parent process\n");
10   } else if(pid == 0) {
11      sleep(1);
12      printf("child process\n");
13   } else {
14      printf("fork() error\n");
15   }
16 }
```

설명

```
8    if(pid > 0) {
9       printf("parent process\n");
```

pid 값이 0보다 크기 때문에 부모 프로세스가 실행되는 부분이다.

```
10   } else if(pid == 0) {
11      sleep(1);
```

pid 값이 0이기 때문에 자식 프로세스가 실행되는 부분이다. 자식 프로세스는 1초간 쉬고(sleep) 작업을 수행한다.

결과

```
[User@SIMPLE ~]$ fork2.exe
parent process
child process
```

자식 프로세스를 생성하면, 2개의 프로세스는 동시에 실행되기 때문에 어떤 경우에는 부모 프로세스가 먼저 작업을 종료하는 경우도 있다. 그러나 때로는 부모 프로세스가 반드시 자식 프로세스가 종료한 다음에 마무리 작업을 수행해야 하는 경우가 있는데, 이때 사용할 수 있는 것이 wait() 함수이다. wait() 함수는 자식 프로세스가 종료될 때까지 기다리도록 한다.

```
#include <sys/wait.h>
```

- pid_t wait(int *stat_loc); - 부모 프로세스가 자식 프로세스가 종료될 때까지 기다린다.

다음은 자식 프로세스를 생성하고, 부모 프로세스가 자식 프로세스가 종료되기를 기다리도록 하는 예제 프로그램이다.

예제: fork3.c

```
1 #include <stdio.h>
2 #include <unistd.h>
3 #include <sys/wait.h>
4 main() {
5    int pid;
6    int status;
7
8    pid = fork();
9    if(pid > 0) {
10      printf("parent process\n");
11      wait(&status);
12      printf("finish job\n");
13    } else if(pid == 0) {
14      sleep(1);
15      printf("child process\n");
16      sleep(1);
17    } else {
18      printf("fork() error\n");
19    }
20 }
```

설명

```
11      wait(&status);
```

자식 프로세스가 종료될 때까지 기다린다.

결과

```
[User@SIMPLE ~]$ fork3.exe
parent process
child process
finish job
```

새로운 프로세스를 만드는 것은 새로운 프로그램을 실행시키기 위해서인 경우가 많다. 따라서 프로세스를 만들고, 새로운 프로그램을 실행시킬 수 있는 함수를 제공해야 하는데, 유닉스 계열에서는 exec로 시작하는 함수를 사용한다. 각 함수의 형태와 사용 방법은 다음과 같다.

```
#include <unistd.h>
extern char **environ;
```

- int execl(const char *path, const char *arg, ...); - path에 해당되는 명령어를 arg 매개 변수를 이용해서 실행시킨다.
- int execlp(const char *file, const char *arg, ...); - file에 해당되는 명령어를 arg 매개 변수를 이용해서 실행시킨다.
- int execle(const char *path, const char *arg,..., char * const envp[]); - path에 해당되는 명령어를 arg 매개 변수를 이용해서 실행시킨다. 이때 실행에 필요한 환경 변수값은 envp 배열로 전달한다.
- int execv(const char *path, char *const argv[]); - path에 해당되는 명령어를 argv 매개 변수 배열을 이용해서 실행시킨다.
- int execvp(const char *file, char *const argv[]); - file에 해당되는 명령어를 argv 매개 변수 배열을 이용해서 실행시킨다.

다음은 "ls -l" 명령어를 execl() 함수를 이용해서 실행하는 방법을 보여주는 예제 프로그램이다.

예제: execl.c

```
#include <stdio.h>
#include <unistd.h>
#include <sys/wait.h>

main() {
   int pid;
   int status;

   pid = fork();
   if(pid > 0) {
      wait(&status);
   } else if(pid == 0) {
      execl("/usr/bin/ls", "ls", "-l", 0);
```

```
14     } else {
15         printf("fork error\n");
16     }
17 }
```

설명

```
13        execl("/usr/bin/ls", "ls", "-l", 0);
```

/usr/bin 디렉터리의 ls 명령어를 실행시킨다. 아규먼트로 -l 옵션을 사용한다.

결과

```
[User@SIMPLE ~]$ execl.exe
total 41
-rwxr-xr-x 1 User 없음 22436 Jun 24 14:38 a.exe
-rwxrwxrwx 1 User 없음   572 Jun  4 20:46 arg_thread.c
...
```

8.1.3 윈도(win32) 환경

MinGW 혹은 VC++를 이용해서 프로그램을 작성하고 테스트할 수 있다.

Win32는 프로세스를 생성하기 위해서 CreateProcess() 함수를 제공한다. CreateProcess() 함수는 다음과 같은 형태의 매개 변수를 갖는다.

```
BOOL CreateProcess(
     LPCTSTR  applicationName,
     LPTSTR  commandLine,
     LPSECURITY_ATTRIBUTES  processAttributes,
     LPSECURITY_ATTRIBUTES  threadAttributes,
     BOOL  inheritHandles,
     DWORD  creationFlags,
     LPVOID  environment,
     LPCTSTR  currentDirectory,
     LPSTARTUPINFO  startupInfo,
     LPPROCESS_INFORMATION  processInformation
     );
```

CreateProcess() 함수를 이용해서 프로세스를 생성하는 것은 다음 예제를 통해서 살펴보도록 하자. 다음 예제는 새로운 프로세스로 명령어를 실행하고, 부모 프로세스는 자식 프로세스가 종료되는 것을 기다리는 프로그램이다.

예제: run_process.c

```
#include <windows.h>
#include <stdio.h>
#include <tchar.h>

void _tmain( int argc, TCHAR *argv[]) {
   STARTUPINFO si;
   PROCESS_INFORMATION pi;

   /* 구조체 초기화 */
   ZeroMemory( &si, sizeof(si) );
   si.cb = sizeof(si);
   ZeroMemory( &pi, sizeof(pi) );

   if( argc != 2 ){
      printf("사용법: %s <명령어>\n", argv[0]);
      return;
   }

   /* 자식 프로세스 생성 */
   if( !CreateProcess( NULL,  /* 모듈 사용 안함 */
      argv[1],      /* 명령어 */
      NULL,         /* 프로세스 핸들 상속 안 함 */
      NULL,         /* 스레드 핸들 상속 안 함 */
      FALSE,        /* 핸들 상속을 FALSE로 지정 */
      0,            /* 생성 플래스 없음 */
      NULL,         /* 부모 프로세스의 환경  */
      NULL,         /* 부모 프로세스의 폴더  */
      &si,          /* STARTUPINFO 구조체 포인터 */
      &pi )         /* PROCESS_INFORMATION 구조체 포인터 */
   ) {
      printf( "프로세스 생성 실패 (%d).\n", GetLastError() );
      return;
   }
   printf("부모 프로세스 실행 중\n");

   // 자식 프로세스가 종료될 때까지 기다림
   WaitForSingleObject( pi.hProcess, INFINITE );

   printf("자식 프로세스 종료 후 처리\n");
```

```
    // 프로세스와 스레드 핸들을 닫음
    CloseHandle( pi.hProcess );
    CloseHandle( pi.hThread );
}
```

결과

```
C:\> run_process.exe  C:\\windows\\notepad.exe
부모 프로세스 실행 중
자식 프로세스 종료 후 처리
```

메모장이 실행되는 것을 확인할 수 있고, 메모장이 종료되면, "자식 프로세스 종료 후 처리" 메시지가 출력된다.

8.2 스레드

8.2.1 스레드 개념

프로그래머들이 작성하는 많은 프로그램들 중에서 상당 부분이 순차적으로 실행될 필요가 없고, 여러 가지 작업을 동시에 수행해야 하는 프로그램들이다. 예를 들어 대부분의 네트워크 서버 프로그램들은 클라이언트의 요청을 기다리는 리스너 프로세스(listener process)를 가지고 있다. 만약 클라이언트의 요청이 오면 리스너 프로세스는 새로운 프로세스를 생성해서 클라이언트에 서비스를 제공하도록 한다. 이런 형태로 서비스를 제공하는 경우에는 클라이언트마다 하나의 프로세스가 생성되어야 하기 때문에 시스템에는 많은 오버헤드가 있게 된다.

또한 각 프로세스는 서로 독립된 주소 공간(address space)을 사용하기 때문에 프로세스들 사이에서 서로 통신을 하기 위해서는 메시지 큐(message queue), 세마포어(semaphore), 공유 메모리(shared memory) 등의 IPC(interprocess communication) 기능을 이용하여야 한다. IPC는 시스템의 많은 자원을 사용하기 때문에 이것은 시스템의 오버헤드를 더욱 가중시킨다. 이러한 부분들 이외에 프로세스의 **컨텍스트 스위치**(context switch)도 많은 오버헤드가 있는 작업이다. 컨텍스트 스위치란 현재 CPU에서 실행되는 프로세스의 정보들(예: 레스지터의 내용)을 저장하고, 다른 프로세스 정보를 읽어 와서 CPU에서 실행시키는 것을 의미한다. 컨텍스트 스위치는 비교적 간단한 작업이지만 자주 발생하기 때문에 시스템 오버헤드를 증가시킨다. 특히 I/O 작업이 많은 프로세스들은 컨텍스트 스위치가 많이 발생하게 된다. 이것은 I/O 작업을 수행하는 경우에는 항상 프로세스의 컨텍스트 스위치가 발생하기 때문이다.

프로세스를 사용하기 때문에 발생하는 많은 오버헤드를 감소시키기 위해서 고안해 낸 것이 스레드(thread)라는 개념이다. 프로세스에서는 명령어들이 순차적으로 실행되는데 이것을 실행 스레드(execution thread)라고 한다. 일반적인 프로그램은 main() 함수의 처음부터 시작하는 하나의 실행 스레드를 가지고 있다. 이러한 경우에 프로세스는 다음 그림과 같은 형태로 구성되어 있다. 프로세스 안에는 프로그램 코드, 데이터, 열려진 파일들, 스택 등에 대한 정보를 가지고 있다.

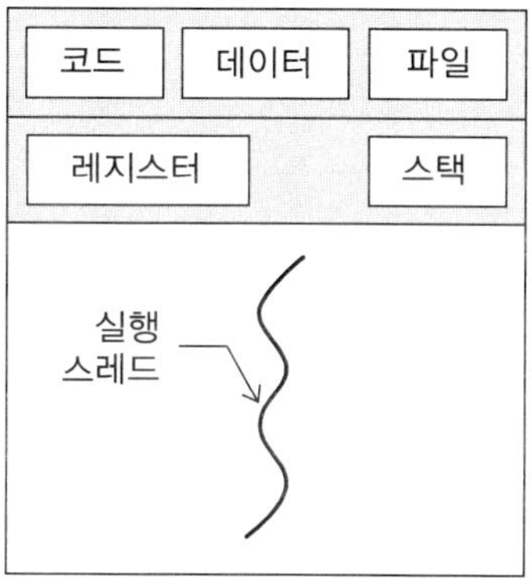

그림 8-1. 단일 스레드

만약 프로그램이 처음부터 끝까지 순차적으로 실행될 필요가 없다면, 혹은 한 프로그램이 여러 가지 작업을 해야 한다면, 이 프로그램에는 여러 개의 실행 스레드가 존재할 수 있다. 스레드는 프로세스 안에서 프로세스의 자원(예: 열린 파일, 네트워크 소켓 등)과 주소 공간을 공유하는 실행 단위이다. **스레드**란 엄밀히 정의해서 "**실행될 명령어들의 연속**(**a sequence of instructions to be executed**)"이다. 순차적으로 실행되는 명령어들을 하나의 실로 꿸 수 있기 때문에 스레드(thread, 실)라는 명칭이 붙었다. 이렇게 하나의 실로 꿸 수 있는 프로그램을 단일 스레드 프로그램(single thread program)이라고 한다. 그러나 어떤 프로그램에서는 여러 개의 함수들이 서로 독립적으로 수행되는 경우도 있다. 이런 경우에는 명령어들이 순차적으로 수행되지 않기 때문에 하나의 실로 꿸 수 없을 것이다. 이러한 프로그램을 다중 스레드 프로그램(multi-thread program)이라고 한다.

다중 스레드를 지원하는 경우에 프로세스는 다음과 같은 형태로 표현할 수 있다. 한 프로세스에는 여러 개의 스레드가 존재할 수 있으며, 각 스레드는 자신의 레지스터와 스택을 갖는다. 또한 같은 프로세스 안에 존재하는 스레드들은 코드, 데이터, 열린 파일과 같은 자원들을 서로 공유한다.

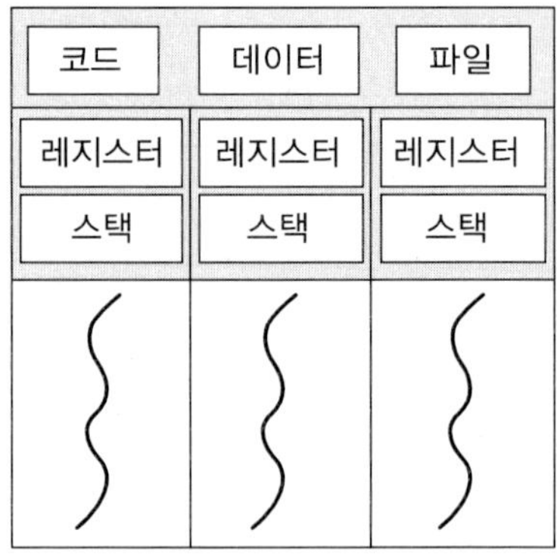

그림 8-2. 다중 스레드

스레드를 지원하지 않는 시스템에서는 프로세스가 CPU의 스케줄링 단위이었는데 반해 스레드를 지원하는 시스템에서는 스레드가 CPU의 스케줄링 단위가 된다. 현재 널리 사용되는 운영체제는 대부분 스레드를 지원한다. 예를 들어, MS의 윈도 플랫폼과 Solaris를 비롯한 대부분 유닉스 운영체제들은 스레드를 지원한다. 다음 그림들은 스레드와 프로세스의 스케줄링 형태를 보여준다. 그림 8-3은 스레드를 지원하지 않는 경우를 보여준다. 스레드를 지원하지 않는 시스템에서는 프로세스 단위로 스케줄링이 이루어지고, 이때 컨텍스트 스위치가 발생한다. 그림 8-3에서는 네 번의 컨텍스트 스위치가 발생하게 된다.

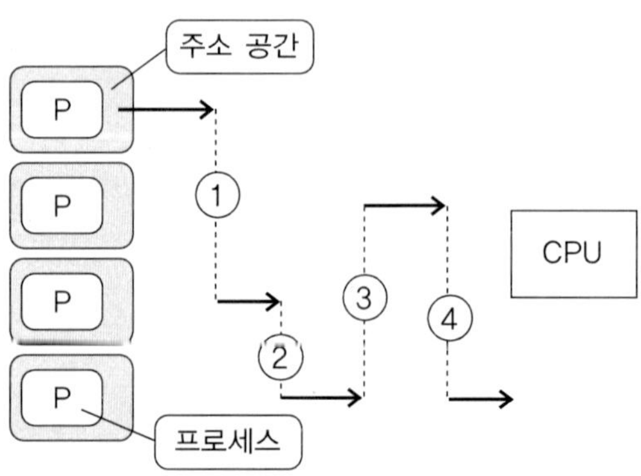

그림 8-3. 프로세스 스케줄링

스레드를 지원하는 시스템에서는 스레드 단위로 스케줄링이 이루어지게 된다. 동일한 주소 공간(address space)에 소속된 스레드들은 프로세스의 자원을 공유할 뿐만 아니라 프로세스 안에서 병행적(concurrent)으로 실행된다. 이때 동일한 프로세스에 소속된 스레드들 사이에서 스케줄링이 이루어지는 경우에는 컨텍스트 스위치가 발생하지 않는다. 만약 다른 프로세스에 소속된 스레드가 CPU를 차지하는 경우에는 컨텍스트 스위치가 발생한다. 따라서 그림 8-4에서 컨텍스트 스위치는 한 번만 발생하게 된다. 이렇게 스레드를 사용하는 경우에 컨텍스트 스위치를 줄일 수 있기 때문에 시스템 오버헤드를 줄일 수 있다.

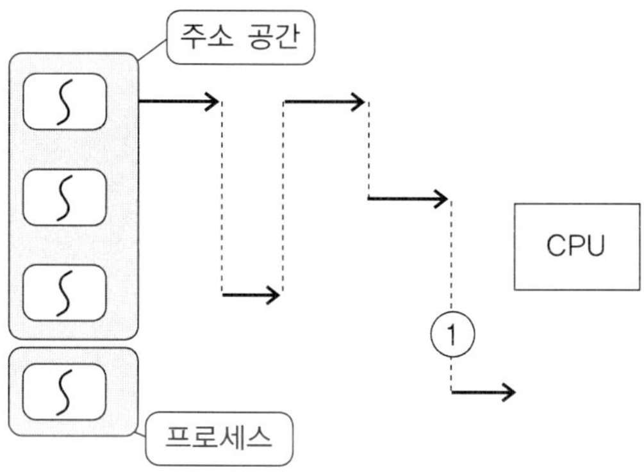

그림 8-4. 스레드 스케줄링

CPU가 여러 개인 멀티프로세서(multi-processor) 시스템인 경우에 스레드는 더욱 효과적이다. 컴퓨터 기술이 발전함에 따라 많은 운영체제와 시스템들이 멀티프로세서를 지원하게 되었고, 멀티프로세서 시스템이 점차 일반화되고 있다. 스레드를 지원하지 않는 시스템에서는 프로세스는 오직 한 CPU에만 할당될 수 있었다. 그러나 멀티 스레드 프로그램인 경우에는 여러 개의 스레드들의 각각 다른 CPU에 할당될 수 있다. 이때 각 스레드가 적절한 CPU에 할당되는 것은 운영체제에서 결정하게 된다. 다음 그림은 멀티프로세서 시스템에서 스레드가 각 CPU에 할당되는 것을 보여준다.

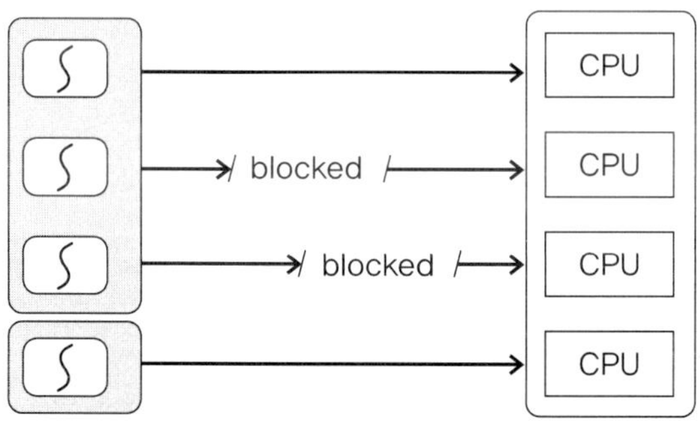

그림 8-5. 멀티 프로세서 시스템의 스레드 스케줄링

그림 8-6은 2개의 스레드가 동시에 수행되는 것을 보여준다. main은 main() 함수를 실행하는 스레드이며, "새 스레드"는 새로 만든 스레드를 의미한다.

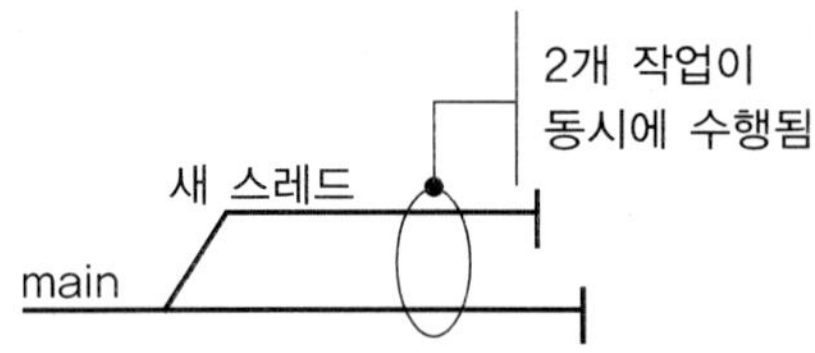

그림 8-6. 2개 스레드가 있는 경우

8.2.2 유닉스/리눅스/Cygwin/MinGW 환경

스레드를 지원하는 시스템은 스레드를 생성해서 사용하기 위한 API를 제공한다. 예를 들어 C 언어를 사용하는 경우에는 POSIX 스레드 API를 사용해서 스레드를 생성할 수 있다.

MinGW를 사용하는 경우에 별도의 pthread 라이브러리를 설치해서 pthread 프로그램을 작성할 수 있다. 윈도용 pthread는 MingW 사이트 http://sourceforge.net/ projects/mingw/files/MinGW/pthreads-w32/에서 별도로 다운받아서 압축을 푼다. 헤더 파일(pthread.h, sched.h, semaphore.h)은 C:\MinGW\include 폴더에 복사하고, 라이브러리 파일(libpthread.dll.a)은 C:\MinGW\lib 폴더에 복사한다. libpthread-2.dll 파일은 C:\MinGW\bin 폴더에 복사한다.

```
#include <pthread.h>
```

- int pthread_create(pthread_t *thread, const pthread_attr_t *attr, void *(*start_routine, void*),void *arg); - 스레드를 생성한다.
- pthread_t pthread_self(void); - 현재 스레드의 ID 번호를 얻는다.
- int pthread_join(pthread_t thread, void **value_ptr) ;- 스레드가 종료될 때까지 기다린다.

예제: hello_thread.c

```
#include <stdio.h>
#include <pthread.h>
#include <stdlib.h>
void * sayHello(void * arg) {
   printf("Thread ID: %d\n", pthread_self());
   printf("Hello Thread\n");
   return 0;
```

```
8 }
9
10 main() {
11    pthread_t tid;
12
13    if(pthread_create(&tid, NULL, sayHello, NULL)) {
14       printf("Thread Creation Error!!\n");
15       exit(1);
16    }
17    printf("Main Thread ID: %d\n", pthread_self());
18    pthread_exit(0);
19 }
```

설명

```
4 void * sayHello(void * arg) {
5    printf("Thread ID: %d\n", pthread_self());
```

스레드가 실행할 함수를 선언하고, 함수에서 스레드 번호를 출력한다.

```
13    if(pthread_create(&tid, NULL, sayHello, NULL)) {
```

스레드를 생성하고, 스레드가 수행할 함수를 sayHello로 지정한다.

결과

```
[User@SIMPLE ~]$ gcc -o hello_thread.exe hello_thread.c -lpthread
[User@SIMPLE ~]$ hello_thread.exe
Thread ID: 7078408
Hello Thread
Main Thread ID: 7012456
```

다음 예제는 새로운 스레드에 매개 변수값을 전달하는 예제 프로그램이다.

예제: arg_thread.c

```
#include <stdio.h>
#include <pthread.h>
#include <stdlib.h>
#include <string.h>

struct arg_data {
   char msg[11];
   int count;
```

```
 9 };
10
11 void * sayGreeting(void * ap) {
12    struct arg_data * parg = (struct arg_data *) ap;
13    int i;
14
15    for(i = 0; i < parg->count; i++) {
16       printf("%s\n", parg->msg);
17    }
18    return 0;
19 }
20
21 main() {
22    pthread_t tid;
23    struct arg_data arg;
24    strcpy(arg.msg, "Hello");
25    arg.count = 2;
26
27    if(pthread_create(&tid, NULL, sayGreeting, &arg)) {
28       perror("Thread Creation Error!!");
29       exit(1);
30    }
31    pthread_exit(0);
32 }
```

설명

```
6 struct arg_data {
7    char msg[11];
8    int count;
```

매개 변수로 전달할 구조체를 정의한다.

```
11 void * sayGreeting(void * ap) {
12    struct arg_data * parg = (struct arg_data *) ap;
```

제네릭 포인터 ap를 arg_data 구조체 포인터로 변환한다.

```
23    struct arg_data arg;
24    strcpy(arg.msg, "Hello");
25    arg.count = 2;
```

구조체 변수를 선언하고, 값을 할당한다.

```
27    if(pthread_create(&tid, NULL, sayGreeting, &arg)) {
```

스레드를 생성할 때 구조체의 주소(&arg)를 전달한다.

결과

```
[User@SIMPLE ~]$ gcc arg_thread.c -lpthread -o arg_thread.exe
[User@SIMPLE ~]$ arg_thread.exe
Hello
Hello
```

다음 예제는 부모 스레드가 자식 스레드가 종료될 때까지 대기하다가 자식 스레드가 종료된 이후에 작업을 마무리하는 방법을 보여준다. 부모 스레드가 자식 스레드가 종료될 때까지 기다리기 위해서는 pthread_join() 함수를 이용한다.

예제: thread_join.c

```
#include <stdio.h>
#include <pthread.h>
#include <stdlib.h>

void * sayHello(void * arg) {
   printf("Thread ID: %d\n", pthread_self());
   printf("Hello Thread\n");
   return 0;
}

main() {
   pthread_t tid;
   int status = -1;
   int * sp;

   if(pthread_create(&tid, NULL, sayHello, NULL)) {
      printf("Thread Creation Error!!\n");
      exit(1);
   }
   sp = &status;
   pthread_join(tid, (void **)&sp);

   printf("Thread %d has terminated.\n", tid);
   if(status)
      printf("Thread %d's exit status is good.\n", tid);
   else
      printf("Thread %d's exit status is bad.\n", tid);

```

```
29     pthread_exit(0);
30 }
```

설명

```
21     pthread_join(tid, (void **)&sp);
```

자식 스레드가 종료되기를 기다린다.

결과

```
[User@SIMPLE ~]$ gcc thread_join.c -lpthread -o thread_join.exe
[User@SIMPLE ~]$ thread_join.exe
Thread ID: 7078408
Hello Thread
Thread 7078408 has terminated.
Thread 7078408's exit status is good.
```

8.2.3 윈도(Win32) 환경

윈도 환경에서 VC++ 혹은 MinGW에서 실행할 수 있다.

윈도는 스레드를 생성하기 위해서 CreateThread() 메소드를 지원한다. CreateThread() 메소드는 다음과 같은 형태로 되어 있다.

```
HANDLE WINAPI CreateThread(
  LPSECURITY_ATTRIBUTES threadAttributes,
  SIZE_T stackSize,     /* 스택 크기(바이트 단위), 0인 경우에 디폴트 값 사용 */
  LPTHREAD_START_ROUTINE startAddress, /* 함수를 지정 */
  LPVOID parameter,     /* 함수에 전달할 매개 변수 */
  DWORD creationFlags, /* 0인 경우에 스레드를 즉시 생성 */
  LPDWORD threadId    /* 스레드 ID를 저장할 변수 */
);
```

다음 예제는 새로운 스레드(자식 스레드)를 생성하고, 부모 스레드는 자식 스레드가 종료되기를 기다리는 프로그램이다.

예제: run_thread.c

```
1 #include <windows.h>
2 #include <stdio.h>
3 #include <string.h>
4 #include <tchar.h>
5
6 DWORD WINAPI run(LPVOID value){
7     char param[3];
8     int start, k, h;
9
10     strcpy(param, (char *)value);
11     start = atoi(param);
12     for(k=start;k <= start*3 ; k++) {
13        for(h = 0; h < 99999999; h++)
14           ; /* 시간 보내기 */
15        printf("자식 스레드: %d \n", k);
16     }
17     return 0;
18 }
19
20 main() {
21     HANDLE thr;
22     DWORD tid;
23     char param[3];
24     strcpy(param,"3");
25     thr = CreateThread(NULL, 0, run, &param, 0, &tid);
26     if(thr == NULL) {
27         DWORD dwError = GetLastError();
28         printf("스레드 생성 에러\n");
29         return;
30     }
31     printf("부모 스레드 실행 중\n");
32     WaitForSingleObject(thr, INFINITE);
33     printf("자식 스레드 종료 후 정리\n");
34 }
```

설명

```
25     thr = CreateThread(NULL, 0, run, &param, 0, &tid);
```

스레드를 생성한다. 생성된 자식 스레드는 run() 함수를 실행한다.

```
32     WaitForSingleObject(thr, INFINITE);
```

자식 스레드가 종료될 때까지 기다린다.

결과

```
C:\> run_thread.exe
부모 스레드 실행 중
자식 스레드: 3
...
자식 스레드: 9
자식 스레드 종료 후 정리
```

찾아보기

저자 약력

최종명 목포대학교 컴퓨터공학과 교수
박경우 목포대학교 컴퓨터공학과 교수
김종화 목포대학교 컴퓨터공학과 교수
안동순 목포대학교 컴퓨터공학과 교수
조성의 목포대학교 컴퓨터공학과 교수
윤시내 문정중학교 컴퓨터교사, 홍익대학교 교육대학원 전산교육 석사

정가 11,000원

문제해결중심 **C프로그래밍**

2011년 9월 23일 초판 인쇄
2011년 9월 30일 초판 발행

저자와의 협의하에 인지생략

저 자 : 최종명 · 박경우 · 김종화
안동순 · 조성의 · 윤시내
발행자 : 우명찬 · 송 준
발행처 : 홍릉과학출판사
주 소 : ㊝ 142-885 서울시 강북구 인수동 455-60
등 록 : 1976년 10월 21일 제5-66호
전 화 : 999-2274~5, 996-8341, 903-7037
팩 스 : 905-6729
ISBN : 978-89-7283-988-0

hongpub@hongpub.co.kr
www.hongpub.co.kr